华章经管
HZBOOKS | Economics Finance Business & Management

Lean Turnaround

A Case Study in China

精益变革

中小企业逆境求生之路

刘健 著

机械工业出版社
China Machine Press

图书在版编目（CIP）数据

精益变革：中小企业逆境求生之路 / 刘健著. —北京：机械工业出版社，2020.10
（精益思想丛书）

ISBN 978-7-111-66570-0

I. 精… II. 刘… III. 中小企业 - 企业管理 - 研究 IV. F276.3

中国版本图书馆 CIP 数据核字（2020）第 178339 号

精益变革：中小企业逆境求生之路

出版发行：机械工业出版社（北京市西城区百万庄大街 22 号 邮政编码：100037）	
责任编辑：赵陈碑	责任校对：李秋荣
印　　刷：大厂回族自治县益利印刷有限公司	版　　次：2020 年 10 月第 1 版第 1 次印刷
开　　本：170mm×230mm　1/16	印　　张：13.75
书　　号：ISBN 978-7-111-66570-0	定　　价：59.00 元

客服电话：(010) 88361066　88379833　68326294　　投稿热线：(010) 88379007
华章网站：www.hzbook.com　　　　　　　　　　　　读者信箱：hzjg@hzbook.com

版权所有·侵权必究
封底无防伪标均为盗版
本书法律顾问：北京大成律师事务所　韩光 / 邹晓东

推荐序一 | Lean Turnaround

挖掘"金矿",中国精益实践者

《金矿》是我学习精益思想的一本启蒙书,作者伯乐父子用写小说的方式虚构了一个企业转亏为盈的故事。书中对工厂人物与运营的种种问题描述得栩栩如生,令我爱不释手。我从书中认识到精益思想的五大要素:客户价值、创造价值的流程、流程流动、客户拉动,以及持续改善和精益求精。同时,也从中体认到领导者在实践过程里,到现场去观察与学习是培养领导力的最佳途径。

由于喜爱这本书,我决定将其翻译成中文以飨同好,在大陆与台湾地区分别发行简体字与繁体字版。感恩《金矿》赐予我的缘分,使我和伯乐父子成为好朋友,为精益企业中国(Lean Enterprise China,LEC)奠定了基础,结交了许多全球精益圈的朋友,并认识了多家企业当时以及未来的领导人。我从他们身上看到了《金矿》帮助企业转型与人才培养的成果,增强了我对精益管理能帮助中国企业自立自强的信心。

《精益变革》的作者刘健 15 年前在同济大学师从周健,以及周健老师的指导教授郭重庆院士，学习工业工程与管理专业。经过周老师的介绍，他参与了《金矿》系列书的翻译与编辑工作。他毕业后加入LEC，在不同的制造工厂里锻炼学习精益理念与方法达6年之久。而后，他加入UL精益医疗团队，在医疗领域里历练精益医院的应用与实践。5年前，应安镁董事长马修·洛夫乔伊（Matthew Lovejoy）邀请，他追随李兆华老师帮忙整顿深圳工厂。最初2年里，他担任咨询师，每个月两周时间在工厂实地了解问题，并协助管理层落实问题解决方案，因此对安镁多年来的积习与员工能力有深刻认识。项目结束时，马修恳请LEC割爱，欲聘请刘健担任深圳工厂兼亚太区总经理。这么好的机会，经征得刘健首肯，我当即表示同意。最近3年，刘健从第三方咨询师转身变为总经理，其间经历许多本书中发生的故事，包括数不清的内部人事变迁，以及外部国内外经济环境的频繁变化，甚至包括近期发生的新型冠状病毒肺炎疫情，等等，不断从变化中锻炼，因此无论在企业管理还是个人成熟度方面都大有精进。

诚如佛家所谓"诸事无常"，其最佳对策莫过于加强企业组织与员工个人的能力发展，以不变应万变。刘健在本书中描述他如何把《金矿》原著中转亏为盈的场景搬到安镁：从客户价值、价值流、流动、拉动、持续改善诸方面强化安镁的运营能力；应用《学习型管理》A3问题解决的方法去锻炼员工解决问题能力，包括设备操作与维修、减少库存、缩短产品交付时间，以及在制造流程中和产品设计图纸里发现质量问题，等等；把问题解决授权给一线员工与管理层，给予他们学习锻炼以及寻求发展的机会。

本书不仅仅是《金矿》的本土化，作者用适合中国中小企业文化的语言，把一个中国企业转型的故事呈现给中国读者，他创造性地结合了《金矿Ⅱ：精益管理者的成长》以及《金矿Ⅲ：精益领导者的软实力》的理念，在安镁深圳将员工能力培养付诸实践。他组织业余学习班，亲自传授基础工程课程，帮助那些没有大专学历的员工了解产品设计以及制造流程中KPI的重要性，设法从根本原因入手消灭质量问题；帮助操作员了解标准作业，以及为什么需要遵守标准作业；辅导员工问题解决的方法等。他的努力造就了许多位没有学位的现场工程师，以发挥他们的价值。同时他还辅导有潜力的工程师担负起价值流经理的职责，以负责整条产品线的运营。

更有趣的是他利用工作之暇，教导员工基本英语以便与客户沟通。他成功地培养了一位中学学历的驾驶员去接待来访的外籍客户，这位英语学习者在接待过程中表现得中规中矩。了解到驾驶员在管理层辅导下自学英语，客户对安镁的组织学习能力给予了高度评价。这何尝不是精益工厂"多能工"的又一真实写照！

刘健自幼生长在广东梅县山区，了解知识与学习的重要性。安镁深圳许多员工是外省农民工，有些夫妻一起在工厂工作。他们由于自身没有受过高等教育，又受限于经济能力，无法为下一代提供课外补习，因而耿耿于怀。鉴于此，刘健发挥了总经理大家长的爱心，邀请其他有心的同事周末义务为小学与中学的孩子们上补习课，教导英语、数学，或专门做个别辅导，帮助孩子们学习，也安慰这些父母，让他们安心工作。试想有这样的工作环境，有这样的公司领导，员工怎能不珍惜感激？这样逐渐形成了"安镁和谐大家庭，同心、互助、无私"的企业文化。

总而言之，刘健这些年从早期在学校里学习精益，到后来在工作里"做中学"锻炼精益，担任总经理期间实践精益问题解决，不断地充实自己，培养领导力。这么好的一段故事，我鼓励他写下来，作为中国精益实践者与中国企业挖掘金矿的一个案例。虽然每个人的境遇不同，但我深信只要坚守"努力学习以吸取多方面知识""大胆尝试从做中学""用心解决问题并累积经验"，以及"无私地分享知识与经验去帮助他人"，一定会走上一条必胜之道。

寄望《精益变革》能继承《金矿》的魅力，为中国精益圈与中国企业带来更多裨益！

赵克强 博士
2020 年 3 月 3 日于美国密歇根州安娜堡

推荐序二 | Lean Turnaround

精益企业转型的领导力

自2005年初和刘健相识已经15年了,我们亦师亦友,在精益的道路上携手成长,我对他有深刻的了解,他自律、果敢,面对困境有破局之决心和能力。这样的品质,是面临深度转型的中国社会最需要的。这些年,他在精益制造和精益医疗这两个领域都做出了一些受业内人士认可的成绩和贡献。

本书是关于真实的中小企业精益转型(Lean Turnaround)的实践案例。个人觉得,将英文的Turnaround翻译成"转型",并不能表达出那种颠覆、大逆转的感觉。我4年前去过安镁深圳工厂,1个多月前又去过,仅从表面上看,现场的一些细节远远比不上网络上专家们分享的各种成功案例,但对于一个面对低增长的市场、处于激烈竞争的行业的企业,安镁在过去这些年里做对了一些重要的事情,企业已经发生了根本的逆转。

安镁做对了哪些重要的事情?我觉得以下几点值得强调:

改变了传统的部门化组织架构,建立了新的价值流组织架构。核心的资源都配置到了价值流里，极大地促进了价值在全过程中的流动，同时强化了非一线资源对现场的支持和快速响应，进而为提升客户满意度和市场竞争力提供了支持。

在价值流里融入了节拍、流动和拉动，相比于绝大多数同行，他们干得不错。

他们大力加强了工程能力，包括质量问题解决能力、工艺优化能力，以及新产品开发能力。这是制造业的根本所在，也是"精益思想"的第一条：从客户的视角理解，企业所做的最有价值的事情是什么。作为一家提供压铸件制造服务的企业，安镁的工程能力支持着产品开发和按期交付，使安镁逐渐成了客户产品设计工程师心中的首选合作伙伴。

日本东京大学藤本隆宏教授指出，产品=（有形的）媒介+（无形的）信息，制造就是将信息"印"在媒介上。安镁为客户提供的是铝压铸精加工产品，铝合金材料是媒介，几乎每个同行都可以从供应商处买到，而将"媒介"加工成产品所需要的"信息"，才是同行间分出胜负的关键。

我对一些制造业的朋友说："每一位制造业的管理者都首先应该是一名工程师。"你必须懂得你的产品以及设计和制造好它的关键，才能真正懂得你的业务，从而在竞争中获胜。实际上不只是制造业如此，服务业或其他行业都如此。

他们注重财务，不断提升盈利能力和现金流。过去3年里，安镁的盈利能力迅速提升，首先是扭亏为盈，然后是从一般水平到较强水平的盈利能力，下一年他们的目标是盈利能力加倍。我们不能将精益限制在"生产"领域，那种撇开客户满意、业务增长和财务回报而空谈精益的做法，是"假把式"。

除了盈利能力，现金流也是安镁非常重视的。在3年转型之初，尽管盈利尚负，但现金流已大幅改进，变负为正。近两年随着盈利能力的显著提升，现金流也与日俱增，这使得安镁有能力运用自有资金，根据对市场的判断进行适度的投资。

精益企业转型的核心是领导力。安镁的老板马修先生笃信精益，大力支持深圳工厂的转型，但作为一名老外，他很多时候"力不从心"。这时，总经理的角色就很重要，不能把责任推给老板。有人凭运气拿到一个"总经理"或其他高管的头衔，但头衔只能给你权力和责任，不能赋予你真正的领导力。领导力是下属从心底里愿意追随你朝着愿景一同努力的状态，靠用鞭子抽或者用胡萝卜引诱是达不到的。

谈到如何建立自己的精益领导力，有句话说得好，士兵们最愿意追随的是能打胜仗、能论功行赏的将军。想要成为一名具有较高影响力的优秀领导者，最重要的是带领团队做一些重要的事情，并获得成功，建立起真正的业绩。

有人会抱怨，缺少建功立业的机会。机会在哪里？到处都是！因为精益企业转型从来都不会是一帆风顺的，在哪个层面都是如此。在这本书里，你会看到主人公担任总经理后遇到的一个又一个困难。其中每一个困难，或是被动救火，或是主动转型/突破，解决的都是一个个紧急而重要的业务问题。而在解决这些业务问题的过程中，领导力也就建立起来了。精益领导力的基本理念就是，设立理想状态，暴露现实状态中的问题（差距），解决问题，弥补差距，同时在这个过程中培养组织和个人的能力。

此时，我更加相信，刘健还有很大的提升空间，因为在安镁以及其他地方，还有很多很难的问题在等着他解决。我也很期待，未来的中国社会，刘健和他的同行者能承担更重要的责任，这是中国精益实践者的使命，这也正是 CMIC 和同济 IE 的育人目标。

同济大学中国制造发展研究中心（CMIC）主任
同济大学机械工程学院工业工程专业（同济 IE）副教授
周健 博士
2020 年 2 月 29 日于上海

推荐序三 | Lean Turnaround

企业成功导入精益思想的七大关键

　　每年都有大批制造企业雄心勃勃地开始导入精益思想和精益生产方式。然而，在经历了轰轰烈烈的"摇旗呐喊"之后的几个月或十几个月内，大部分企业就此偃旗息鼓。能够像丰田汽车、丹纳赫、霍尼韦尔、英格索兰等几十年如一日，精心耕耘精益思想，并取得卓越业绩的公司如凤毛麟角。中小企业在精益思想的实践中能取得丰硕成果的更是少之又少。精益践行者刘健总经理的著作非常全面地阐述了我所推崇的企业成功导入精益思想并取得实实在在业绩的七个关键。这七个关键如下。

1. 领导参与

　　精益的导入和实施涉及组织内外部管理的方方面面。领导的参与不仅能在精益导入的初期帮助发现问题、消除部分障碍，还能让管理者了解面临的挑战，及时掌握所取得的成果。而且，精益导入的成功取决于广大员工的参与。员工能否全身心参与取决于领导自身的投入。因为员工不仅听其言,更观其行。

我这里所指的领导参与,不仅是管理者在动员大会上慷慨激昂的演讲,出钱聘请外部的精益顾问,增设精益办公室或价值流经理,挑选并确定精益改善项目,更是领导者自身积极参与精益培训,亲临现场改善活动,甚至拿起教鞭,成为精益培训的兼职老师。同时,领导还要把公司内最优秀的人才分批选拔到精益改善办公室或任命为价值流经理,让他们成为精益先锋。

在本书中,主人公安镁深圳总经理A总上任后的第一天就接到重要客户的质量投诉。接到投诉的当天A总就带领项目、质量、生产负责人驱车3个小时赶到现场(客户组装代工厂),了解第一手资料,分析问题背后的根本原因,最终在尝试多种方案后找到合适的解决方案。在全书中,随处可见A总和公司的管理层成员深入一线、践行精益思想。

2. 制定规则

为了确保企业成功导入精益思想,管理者必须在此过程中不断明确目标、期望、各相关部门及人员的角色和职责。这些短期、中期和长期目标中包括精益对客户、企业、员工甚至所在社区的意义。角色和职责中包括各相关人员在培训、改善和日常工作中所起的作用。

本书作者给我们介绍了如何借助战略指标展开(又被称为"方针管理""方针展开"或 Hoshin Kanri)将公司的战略目标层层分解到各个业务部门和班组,然后通过日常的管理和改善来实现公司和部门的目标。

3. 分步实施

经过几十年的发展,精益思想已经成为一个庞大的知识体系。与此同时,绝大部分组织又面临日益复杂多变的各类挑战。因此,我们建议大家由点到面分步导入、实施精益思想,并在实践中不断学习、总结,进一步发展精益思想。

在过去的 3 年里,主人公 A 总带领团队从处理客户投诉、提高产品质量到缩短交货周期、降低成本,再到展开目标方针、提高员工能力和构建企业文化,由点及面、由易到难、层层递进。

4. 获得支持

管理层和咨询顾问激动人心的宣讲让许多员工在精益思想导入初期满怀信心,豪情万丈。但是,精益之旅并非百米冲刺,不可能一蹴而就。精益实施永无止境,需要耐力和毅力。所以从精益之旅开始之日,我们就要建立完善的跟踪监控体系及有效的宣传更新机制,以确保大家对精益的重视持之以恒。管理层不仅需要通过持续不断地与中层干部和一线员工一起评估、调整、推广精益,以确定精益的进展,还要定期更新精益改善的重点以确保全体员工始终对精益保持一定的新鲜感,进而让精益成为每位员工不可或缺的工作内容,甚至生活方式。

本书作者通过列举多个案例(如一毛钱的改善、没人在意的包装材料、一个灯泡的故事等),介绍了财务团队的员工如何转变思维,华丽转身,成为精益思想的践行者。

5. 依赖数据

在传统的组织里，管理者更多依赖权力、地位做决策。管理者在做决定时经常提及"我相信……""我认为……"。但是在精益领域，我们更多依赖事实和数据。导入精益思想后，管理者应更多使用"数据告诉我们……"，这一改变将容许甚至鼓励更多员工以事实和数据为基础去发现问题，并分析和解决问题。

在本书中，不管是处理客户投诉、技术攻关、目标方针的展开，还是检验精益思想的实施成果，A 总和团队成员无不以可靠的数据为依托。

6. 培养员工

精益思想博大精深。在过去几十年的时间里，大野耐一、詹姆斯·沃麦克（James Womack）、约翰·舒克（John Shook）、新乡重夫等大师和众多的精益实践者发明了许多工具和方法，如七大浪费、价值流程图、看板、快速换模等。

在导入精益思想的同时，企业要给管理人员和全体员工安排因材施教的各种培训，不仅介绍精益的历史、思想、主要原则、基本工具，还要强调成功实施精益后能给员工、客户和企业带来的收益和可能面临的挑战。企业管理者和精益顾问在现场走动（Gemba）的时候通过提问、探讨等方式帮助员工学以致用。精益办公室可以推荐员工阅读相关图书或文章，如《精益思想》《改变世界的机器》《现场观察》

《赢在精益标准化》《精益创新》《金矿》《学习观察》《现场改善》《丰田文化》，等等。企业也可以安排对标学习，通过走访成功推行精益思想的企业找出差距，了解精益推行过程中的经验教训。企业管理者和精益专员可以在评估、审核精益项目的时候，通过询问、分享给予项目负责人在实践中学习的机会。

A 总和他的团队不仅在日常工作中传授精益的知识，还通过创建安镁工程师学院让更多的基层员工在知识和能力上获得新的提升。

7. 全员参与

通读全书，我尤为佩服 A 总把人事经理和全体财务人员都变成精益思想的践行者和推动者。

当前市场瞬息万变，管理者（包括中小企业的管理者）只有秉承精益理念，以不变应万变，从客户出发，苦练内功，才能在激烈的竞争中立于不败之地。我把本书推荐给每一位企业管理者。

精益六西格玛黑带大师

上海管理科学学会精益六西格玛委员会主任委员

《精益创新》作者

余锋

2020 年 3 月 1 日于美国休斯敦

Lean Turnaround | 前言

精益思想随着《改变世界的机器》和《精益思想》的出版,从20世纪末开始在中国传播。《金矿》系列小说以生动的故事讲述精益的理念和工具,通俗易懂,成为很多人的精益启蒙著作,由此更进一步促进了精益的广泛传播。很多人都是从这些经典著作开始了解精益,并逐步按照书上的指导开始自己的精益之旅的。

2005年的时候,我有幸在同济大学周健教授的指导下做毕业设计,学习和实践工业工程,也正好参与了《金矿》的翻译工作。读第一遍的时候,我就被生动的故事深深吸引,挑灯夜读,一个通宵读完了第一遍。翻译过程中,我无数次地阅读、校对和更正,书中的精益理念和方法也就深深地烙到了我记忆的深处。之后的十多年,我也一直在从事精益的研究和咨询,从某种意义上讲,也是在潜意识里实践着从《金矿》里学来的知识。

2016年的时候,我加入一家传统中小型制造企业,负责亚洲区的业务,包括在深圳的一家工厂。在此之前,深圳工厂已经连续亏损多年,几乎要停止运营。对我而言,就如《金矿Ⅱ》的主人公沃德,危难之际,接手一家亏损企业。通过精益扭亏为盈来挽救这家企业是要跨过的第一座大山，而通往山顶的路往往遍布荆棘：

- 它是传统制造企业，所处的市场是红海，没有自己的技术壁垒。
- 我个人没有行业经验，只身空降。
- 企业位于寸土寸金、经济高速发展的深圳，土地和人力成本居高不下。
- 企业持续多年亏损，士气低落，人员流动率大。

《金矿》系列以研究者和第三者的视角将精益融入小说，给我们提供了很好的思路和参考。但是"书上得来终觉浅"，深圳工厂实际遇到的困难比小说中来得更复杂和真实。由于超过50%的销售都是出口美国市场，2018年开始的中美贸易摩擦让很多外贸出口企业陷入了低增长甚至负增长，而深圳工厂也不例外。

3年的时间，这家企业在内忧外患的情况下，通过精益变革不仅扭亏为盈，而且实现了逆势增长。2019年，和同行业上市公司平均水平相比，库存只有一半，利润率和净资产回报率远超过平均水平。

国内很多企业都面临类似的困难和挑战，国外的精益理念和案例可以为我们提供很好的思路和参考。但是真正在中国市场环境下扬长避短，并且落地的案例才更具有实践指导意义。安镁是《金矿》在中国落地的一个真实案例，可以作为《金矿》系列小说很好的补充和延续，谨供大家参考。

致谢 (Lean Turnaround)

感谢我的老师和同行：

同济大学工业工程专业的周健教授，既是带我入门的老师，也是兄长，15年来不管是治学还是做人都一路指引和鞭策我。

精益企业中国总裁赵克强博士，自2005年以来谆谆教诲和鼓励我将这些年的研究和实践总结分享，后期还花费大量的精力逐字逐句对书稿进行审阅。

导师浙江大学工业与系统工程研究所余忠华教授和王兆卫博士，把我从一个工业工程师训练成焊得了电路板、写得了汇编语言的电子工程师，系统的工程训练让我在之后的制造业实践中受益匪浅。

导师郭重庆院士，老一辈科学家严谨治学、为国为民、废寝忘食的精神一直鼓励和鞭策着我们年轻一辈。

霍尼韦尔全球高级副总裁、霍尼韦尔中国区原总裁、上海管理科学学会精益六西格玛委员会主任委员余锋老师，百忙之中悉心审阅和撰写推荐序。

精益企业中国资深顾问、中国台湾丰田汽车TPS原负责人李兆华老师，在安镁遇到危机时坚定地指引我们向前进。

精益界的老师和朋友们：詹姆斯·沃麦克、约翰·舒克、迈克·伯乐、迈克·鲁斯、达里奥·斯皮诺拉、马修·洛夫乔伊、毛里·门德斯、陈海啸院长、董克新、张冬、唐去疾、陈勇。

UL精益医疗咨询的同行：斯科特·韦伯斯特、胡安·阿马多尔、何塞·帕雷德斯、林雷、黄莹、黄薇华、萨姆·王。

同济大学中国制造发展研究中心的师兄弟：王立勇、杨文慧、吴斌、罗伟、汪雄。

感谢安镁的同事们。

最后，还感谢父母、妻子和女儿的支持与鼓励。

目录

推荐序一　挖掘"金矿",中国精益实践者
推荐序二　精益企业转型的领导力
推荐序三　企业成功导入精益思想的七大关键
前言
致谢

第1章　背景 // 1
　　安镁芝加哥标杆工厂 // 2
　　安镁深圳的窘境 // 9
　　安镁深圳的重生 // 14

第2章　精益领导力 // 17
　　精益思想回顾 // 18
　　精益变革和领导力 // 21

第3章　扭亏为盈三部曲:品质、流动、拉动 // 41
　　品质改善 // 42
　　建立流动 // 66
　　均衡化拉动看板 // 80

第 4 章　**精益财务** // 87

　　　　基于价值流图的成本分析　// 92
　　　　价值流组织架构　// 97
　　　　标准成本数据库　// 104
　　　　财务拉动改善　// 105

第 5 章　**战略展开** // 115

　　　　X 矩阵　// 118
　　　　方针管理　// 122
　　　　A3 改善　// 124
　　　　实践案例　// 126

第 6 章　**组织文化改变** // 141

　　　　标准化作业的故事　// 142
　　　　员工行为改变　// 150
　　　　建立精益组织文化　// 161

第 7 章　回归本源，人才培养 //165
　　　　一线员工培养 //173
　　　　安镁工程师学院 //178

后记 //188

附录　人物表 //192

参考文献 //193

第 1 章

背　　景

本书案例以安镁联合工业公司（ACME Alliance，以下简称安镁）近20年来曲折的精益之旅为基础，并结合了笔者15年来在精益企业中国深入学习、参与和研究精益变革的经验。

安镁芝加哥标杆工厂

安镁于1949年在美国芝加哥成立，是一家传统中小型制造企业，专注于铝合金与锌合金的精密压铸和机械加工[一]。

铸造工艺其实最早出现在中国，战国时期就已经出现青铜铸造鼎和武器的成熟应用。基本原理很简单，具体如下。①制作模具，战国时期人们就已经熟练掌握失蜡法[二]制作模具；②将青铜熔化成液体，倒入制作好的模具；③冷却后，去除外壳获得需要的铸件毛坯；④对

[一] 工业界俗语，机械加工主要指通过车床、镗铣床等机械加工设备对金属零件进行加工。一般简称"机加工"。

[二] 失蜡法制模基本工艺过程：
（1）采用易熔化的材料，如黄蜡、动物油等制成模型。
（2）在蜡模表面浇淋细的泥浆，在表面形成一层泥壳。
（3）在泥壳表面涂上陶泥等耐高温材料，达到一定厚度制成模坯。
（4）高温烧制，蜡制的模型熔化流出，形成中空的铸模，模具就制作好了。

毛坯进行打磨等精加工。

经过几千年的发展，铸造的原理还是基本一样：制作模具，将合金材料加热到熔化温度，熔化成液体注入模具，待冷却后出模，获得铸件毛坯，然后对毛坯进行二次加工。随着现代科技和工业的发展，铸造也有了一些不同。

（1）使用寿命：随着模具材料的发展，铸造模具可以重复使用，铝合金的压力铸造模具使用寿命可以达到10万次以上，重力铸造的话甚至可以达到100万次以上。

（2）压力铸造：为了形成更加紧密的结构和更高的强度，用由液压驱动的机器来实现合金材料在极高的压力下铸造成型。压力一般以吨来表示，最大的压铸机可以提供超过4000吨的压力。

（3）自动化程度：相比之前的人工操作，压铸工艺已经实现了成熟的流程自动化，包括熔炼、给料、压铸、取出和后续加工。

（4）合金材料的发展：不同的合金材料（铝合金、锌合金、镁合金等）应用于不同的功能需要。

（5）效率：效率得到极大提高。自动化的压铸机可以在几秒到几十秒就完成一个生产循环（生产出铸件毛坯）。

由此可见，现代铸造工艺可以高效地制造出形状复杂的高强度金属零件。铸造工艺也就成了现代工业最重要的制造工艺之一。我们日常能接触到的很多产品都出自压铸工艺，比如笔记本电脑的外壳、汽车发动机缸体和缸盖、汽车刹车系统的制动钳等。据报道，特斯拉新专利"用于制作车架的多向单体浇铸机"或将实现车身一次压铸成型，大大减少后续的焊接工艺。

压铸出来的毛坯虽然可以达到 0.1 毫米的精度，但是对精密的机械工业来说，这个精度是远远不够的。很多机械零件需要达到 0.01 毫米和 1 微米级别的精度。这就需要对铸件毛坯进行后续的机加工，以达到尺寸精度的要求。

同时，很多工业和日常应用对零件的表面有外观或者性能的要求。比如，笔记本电脑的外壳需要美观，后续需要对铸件的表面进行处理，打磨抛光后进行喷油、氧化等；汽车刹车系统的制动钳对防腐蚀有较高的功能要求，需要进行电镀处理。

安镁通常的工艺流程如图 1-1 所示。

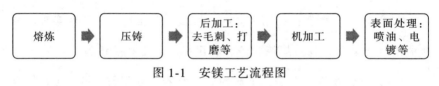

图 1-1　安镁工艺流程图

第二次世界大战（简称二战）之后，美国科技和工业高速发展。在 2001 年之前，安镁在良好的大环境下，一直是一家运营良好的企业，财务状况健康，跟员工分享了巨额的利润。而后，随着互联网的兴起，对网络终端设备中的铝合金零件需求也一路攀升。那时候安镁超过 50% 的产品都是网络电信产品。图 1-2 是 2002 年时安镁芝加哥工厂的大批量生产情景，现场到处都是库存品和返工品，完全没有流动的影子。正如全球许多精益案例中提到的，好日子会掩盖一切问题——公司在盈利，管理层和员工自我感觉都挺好。

图 1-2　2002 年的安镁芝加哥工厂

2001 年互联网泡沫破灭，加上"9·11"事件，公司订单骤然下降，几乎只有原来的 50%。压铸机加工行业属于重资产行业，在传统的运营水平上，订单下降 50%，就算把直接人工和间接费用控制下来，公司也会立即进入亏损和近乎破产的境地。因缘巧合，那个时候线模公司⊖正好是安镁的客户。安镁董事长马修·洛夫乔伊先生曾经在上海举办的全球精益高峰论坛中这样讲述那段往事：

⊖　线模公司（Wiremold），在詹姆斯（吉姆）·沃麦克（James "Jim" Womack）博士的经典著作《精益思想》（机械工业出版社，2015）里有这个公司的精益案例。

我的精益第一课来自我的客户——线模公司的一个业务部门。有一天，我在和线模公司的总经理㊀吃饭时，听他讲精益的优点。那个时候我是怀疑论者，我马上提出一个问题来挑战他：我有很多不同的客户，总是没有办法准时交货，生产也没有办法来均衡不同客户的需求，应该怎么办？他很委婉耐心地指出我现在的运营方式是何等愚蠢，同时解释了流动可以怎样帮助公司提高每日产出、降低报废率和显著地降低在制品库存。

我至今仍然清晰地记得，他在餐巾纸上画了一个工作单元，同时将这个单元的节拍时间、周期时间和所需要的人力都简单地描绘在餐巾纸上。我感觉就如一道闪电划过，如雷轰顶。回到安镁，我就按照餐巾纸上的示意，重新设计生产布局。可能我当时也没有意识到，这是我的第一张价值流图。

随后，我读遍了市面上所有关于精益的图书，应该至少有50本书。我无法抑制我的兴奋，非常想要将所学到的所有知识都付诸实践。而我周围的员工却以为我疯了。当发现我的激情并未能影响到员工，他们也没有在车间将知识付诸实践时，我感到非常沮丧。那时我对什么是榆木脑袋有了新的认识。

学习得越多，接触到的精益案例越多，我越来越相信精益，但是当我们开始精益之旅的时候，我又感到非常困惑。说

㊀ 阿特·伯恩（Art Byrne）先生，曾任线模公司总经理、首席执行官，后任丹纳赫集团执行总裁。畅销书《精益的转变》（中国电力出版社，2015）作者。

到底，我们不是丰田，如何才能把这些理念应用到一个代加工工厂呢？

变革必须从我自己开始。只有我愿意承担变革的风险，其他人才会愿意参与进来。

破釜沉舟，马修先生将自己的行军床搬到了办公室，卷起袖子亲力亲为，开始了安镁的精益变革之旅。坚持十多年，他不仅挽救了安镁，还在芝加哥建立了一个教科书式的工厂。

- 取消纵向部门制，建立横向的价值流组织架构。
- 在能够建立流动的地方建立连续流生产单元，不能建立连续流的地方建立超市拉动（例如在压铸后面）。
- 有功能完善的 ERP⊖，却不用 MRP⊖来排产。建立一套订单拉动的可视化计划系统，现场的均衡化看板能一目了然地看到所有订单的状态（见图 1-3）。面对多品种小批量的客户需求，全公司也不再需要设置一个专职计划员。
- 即使是简单的辅料生产，也通过简单实用的可视化拉动系统

⊖ ERP，Enterprise Resource Planning，企业资源计划。

⊖ 物料需求计划（Material Requirement Planning，MRP）即指根据产品结构各层次物品的从属和数量关系，以每个物品为计划对象，以完工时期为时间基准倒排计划，按提前期长短区别各个物品下达计划时间的先后顺序，是一种工业制造企业内物资计划管理模式。MRP 是根据市场需求预测和顾客订单制订产品的生产计划，然后基于产品生成进度计划，组成产品的材料结构表和库存状况，通过计算机计算所需物料的需求量和需求时间，从而确定材料的加工进度和订货日程。

来管理(见图1-4)。

图1-3 现场均衡化看板

图1-4 车间辅料可视化拉动管理

- 建立标杆工厂之后,对整个供应链系统(从原材料产地、上游供应商,到安镁,再到安镁的客户,直至终端客户)开始进行价值流分析和改善。安镁芝加哥工厂的案例被收集在《纵观全局》㊀一书中。

安镁深圳的窘境

随着经济全球化,中国加入WTO,安镁跟着客户产业转移的脚步开始进入中国市场。2005年,安镁开始在中国投资工厂,收购了一家位于广东深圳的民营小企业,也就是后来的安镁金属制品(深圳)有限公司,简称安镁深圳。

好了伤疤忘了痛,何况还是别人的伤疤。收购的工厂是一家非常典型的民营小企业:是批量生产模式,现场存在大量的库存和返工。但是在美国转移订单和技术的支持下,纵使这样的工厂也利润良好,销售额每年稳步增长,员工待遇高于平均水平。客户、老板和员工都很高兴。虽然安镁对外宣称也是在做精益,但实际上没有员工真的在乎精益。精益不精益都没关系,企业能赚钱,员工待遇福利好才是真的。

那个时候中国工业增加值在飞速增长,尤其是在改革开放前沿的深圳。只要有增长的订单,就迅速接下订单,生产出来才是

㊀ 精益企业研究所(Lean Enterprise Institute, LEI)出版的系列工具书之一,英文名 *Seeing The Whole*,丹·琼斯(Dan Jones)和詹姆斯·沃麦克合著。

第一优先级要考虑的事情。那时候流行的是，时间就是金钱。确实，安镁深圳在那个环境里过了好些年好日子。

2008年的全球经济危机，让安镁管理层脊背一凉，以为会重蹈2001年美国工厂的覆辙。但是中国政府却在危急之时力挽狂澜，4万亿元的刺激成了全球市场的一剂强心针。

经济危机期间，国家层面的基建投资是刺激经济的重要手段。在当时的环境下，其中一项基建投资就是3G网络建设。突如其来的巨大需求让电信设备供应商为了迅速量产抢占市场使出了浑身解数。安镁作为二级供应商，又地处深圳，自然是拿出了深圳速度。安镁的工程师和客户的工程师一起打拼，吃住在工厂，一起设计、出图，然后模具设计和制造几乎同时开始。设备投资也基本上一路绿灯，迅速安装投产。在这个特定的历史时段，良好的品质和速度自然赢得了广泛的市场和丰厚的利润。

2008年，很多制造企业都在经济危机的冲击下苦苦支撑。而安镁深圳却度过了几年非常美好的日子。车间里一切都是为了赶货，几乎从未停下来过。车间地面的油泥足有1厘米厚，用员工的话来说："都下不去脚。"但是每月的利润和超额奖金让大家都忘记了脚下的油泥，自然也没人会提到精益。那时中国的管理团队去美国总部都会受到英雄一般的欢迎。因为他们没有经历过美国的那段危机，所以也就不会想起如何把美国工厂的经验复制到中国工厂来。因为利润高于美国工厂，所以他们更有一种心态觉得美国还不如深圳。

历史总是惊人的相似,这次不是经济危机,而是行业本身。3G 的投资建设需求是有峰值的,一旦基站的布设大体完成,后续需求会呈几何级数下降。2011 年开始,安镁深圳的销售额开始大幅降低。雪上加霜的是,国内基础工业的蓬勃发展,使安镁原来依靠昂贵的整机进口设备和多年积累的工程技术经验所建立的壁垒消失殆尽。美国转移来的订单也由于市场下滑,逐渐流失。

2011 年开始,安镁深圳进入亏损,后来亏损竟持续数年。总部因此提供一切可能的支持,希望帮助深圳工厂通过精益来实现扭亏为盈。

国内许多企业开始实施精益的时候,都会有以下类似的怀疑和挑战:

- 老板不理解精益,不支持或者只是口头上支持精益,把执行任务交给精益经理,期待精益是一剂速效药。
- 自身行业和汽车行业相差甚远,丰田的工具和方法无法落地。
- 在中国没有同行的经验可以借鉴,不知道是不是可行。
- 没有合适的精益专家。

中国精益圈的许多朋友这个时候看安镁深圳,应该非常羡慕:

- 安镁深圳和美国芝加哥工厂的运作基本相同,甚至部分产品全部运作都一样。
- 安镁深圳有美国工厂的成功变革经验可以拿来用。
- 安镁董事长是个精益的信徒，曾带领美国安镁通过精益变革扭亏为盈，建立了一个精益标杆工厂。
- 安镁深圳这些年也在内部培养了一批精益专家。

安镁此时是天时地利人和。如果按照正常故事发展，下一集的情节就应该是安镁深圳复制美国工厂的变革历史，通过精益变革扭亏为盈，在深圳复制一个精益标杆工厂。

在安镁董事长的决策支持下，中国管理层按照美国的步骤开始了大刀阔斧的精益变革：

- 改革组织架构，打破部门建制，建立两个横向的价值流组。
- 建立后加工和CNC⊖连接的生产单元。
- 取消计划部门，建立均衡化看板，用看板来管理生产计划。
- 董事长定期前往深圳，选定题目，亲自下线，带领并辅导为期一周的改善活动（改善周）。

3年过去，事与愿违。如此相似的亲兄弟工厂，深圳的进展却和芝加哥工厂相去甚远。

- 价值流组织架构遇到强烈的"反弹"。十几个部门突然变为两

⊖ CNC, Computer Numerical Control, 计算机数控。CNC机床或CNC加工中心也简称CNC。

个价值流组,很多原来的部门经理只能回到工程师或者职员的职位。在"官本位"的思想影响下,流失了一半以上的中层,而且首先辞职而去的都是"恃才傲物"的优秀员工。

- 价值流组织架构更大的困难是选拔和培养合格的价值流经理。在这个组织架构下,价值流经理不再是传统的生产经理或者品质经理。价值流经理要有能力掌握全流程的生产工艺及关键点、工程、品质的相关知识,还要懂得订单接收、审核、排产、发货甚至收款的相关业务知识。在财务报表分开核算之后,价值流经理还要懂财务。相对年轻的深圳工厂没有合适的人能担此重任。

- 建立了生产单元却卡在换模时间上。CNC的换线时间没有迅速缩短到一定水平就建立生产单元,导致后加工经常停线。在客户催货和员工抱怨下,生产状态几乎回到从前,生产单元形同虚设,成为象征式的摆设,实质上等于回到了原来的大批量生产模式。如果不是董事长坚决反对,估计生产单元真的会被拆掉,会回到原来的工艺专业化的布局。

- 生产单元的形同虚设直接导致了均衡看板的有名无实,可视化看板只有在董事长来的时候才会更新。而且在服务器上,只有一个共享的Excel文件用于做生产计划。大家把这个表格打印出来作为生产指令单,经常会出现打印的版本不一样导致订单没有及时生产或者生产过多。

- 在董事长亲自带队的改善周，声势浩荡，但是这种集中的"脱产"改善让大家疲于奔命，每次大家都将其当作一个负担。董事长走了之后大家心照不宣地舒一口气，一切又回到了平时。因此再好的改善成果也无法维持。

如此，3年过去，亏损依旧，士气低落，品质抱怨频发，好几个重要的客户都因此离开。库存居高不下，但是客户需要的却没有，准时交货率不到80%。

安镁深圳的重生

董事长马修先生是这家家族企业的第二代管理者，几十年来一直专注于压铸行业。他年近60，每天依然在工厂工作超过10个小时。他虽然平均每年大约只有20%的时间在深圳，但对深圳的情况相当了解。当年美国工厂出现危机时，马修先生几乎以一己之力用精益挽救了公司。他最擅长的或许不是做生意，而是如何在艰难的时候活下来。

他坚定地找到了精益企业中国（精益企业研究所⊖在中国的分

⊖ 精益企业研究所，由美国麻省理工学院国际汽车计划组织（IMVP，研究成果出版为《改变世界的机器》）的负责人沃麦克教授在波士顿创建。它是致力精益的研究、培训和推广的非营利组织。2005年在中国成立分支机构。目前已经在全球超过30个国家和地区设立研究所和分支机构。

支）寻求帮助，精益企业中国选择了老少配作为响应。老师傅是曾在丰田台湾公司工作30年的李兆华老师，退休前一直在丰田台湾负责TPS㊀办公室。李兆华老师每个月来深圳一两天进行现场辅导。另外一位是年轻的顾问A，作为李老师的助手，每个月花15天的时间在安镁深圳现场，手把手带领团队将精益改善落到实处。

李兆华老师指导的方向和我们熟知的精益大体相同：

- 只生产客户需要的产品，避免产能浪费在生产客户不需要的库存上，导致客户需要的产品却没有。
- 注重流动，压铸和CNC不能完全流动的地方可以实行部分流动（例如，每个小时可以拿5件样品去CNC，以及时发现问题）。
- 快速换模。
- 均衡化看板拉动。

那位年轻的顾问A在李老师指导的大方向下，并没有打起领带做一个"高大上"的顾问，而是卷起袖子，不顾满手油污地在现场和团队共同奋战。在开始几个月，虽然没有迅速提高效率，但是改善项目渐有起色。

1年之后（2016年），马修先生做了个大胆的决定，恳请精益企业中国忍痛割爱，让这位年轻精益顾问A担任安镁亚洲区总经理（下文也可以简称为A总），全权负责安镁深圳工厂以及香港的

㊀ TPS为TOYOTA Production System，即丰田生产方式。

分公司。

  在这之后的 3 年，安镁深圳也并不是一帆风顺。尤其是 2018 年开始的中美贸易摩擦让安镁深圳面临极大的挑战。在马修先生和 A 总坚持实施精益思想的原则下，安镁深圳虽处于艰难环境中，却交出了一份合格的成绩单。安镁用原班团队（除了空降的总经理）在 2018 年实现扭亏为盈。2019 年，虽然在大环境影响下业务有所下降，加上中美贸易摩擦的关税影响，安镁深圳不得不对客户降价，却依然实现了利润的逆势增长，与同行业上市公司平均水平相比，库存只有 1/2，因此利润率远超过同行。

  本书将基于安镁的真实案例，同时结合笔者这 15 年来深入研究和参与的精益变革经验，系统地剖析企业的精益转型，希望能给国内企业提供精益在中国落地实践的参考。

第 2 章

精益领导力

精益思想回顾

《改变世界的机器》介绍了丰田汽车的生产方式，随后《精益思想》介绍了制造业广泛实施精益，从那之后，全球企业开始通过精益来提高效率，降低成本。到今天，各行业都在讨论并实践精益变革，市面上精益相关的书籍更是汗牛充栋。回顾这30多年的实践和研究，笔者认为精益思想经历了以下几个阶段。

1. 局部改善阶段（1985～2000年）

早期的时候，精益在国内仅仅是一个来自日本丰田生产方式TPS的代名词（在中国台湾翻译为"精实生产"）。同时期另外一个来自日本的名词——改善（Kaizen），也随着一些书籍的出版传入中国。那个时候大部分企业都还处在摸索管理阶段，对这些先进的管理理念和方法求知若渴。接触到这些新知识后，它们迫不及待地开始在现场做改善，比如对员工进行动作研究、时间研究、优化工位器具、优化布局等。

随后精益的一些具体工具和方法也开始出现，比如七大浪费、超市拉动、看板、安灯系统、快速换模等。不同的企业选择了各自不同的工具，呈现百花齐放的状态。

这些现场改善与精益的理念和方法确实帮助先行企业取得了很好的效果，现场管理水平也上了一个台阶，先行企业也因精益改善受益颇丰。

但是，企业的现场改善和精益工具应用经过早期的收获之后，大多原地踏步，有的甚至退回原点，之后的精益改善对企业整体收益影响甚微。

2. 系统改善阶段（2001～2010年）

《改变世界的机器》作者沃麦克博士也注意到了这个问题。在随后的5年时间里再深入研究，他认为精益不仅仅是工具和方法，也不仅仅适用于汽车行业。他在1996年出版了《精益思想》，提出了精益思想的五大原则：价值、识别价值流、流动、拉动和尽善尽美。[1]

有意思的是，书籍畅销之后，很多读者写信去问沃麦克：这个精益思想很好，但是应该如何去识别价值流呢？能不能赐教如何去识别价值流呢？沃麦克决定邀请实践经验丰富的约翰·舒克（John Shook）和迈克·鲁斯（Mike Rother）来回答，于是我们见到了二人合著的《学习观察》⊖。

《学习观察》这本工具书讲述了如何绘制价值流图和根据精益的原则设计未来价值流图。要从系统的角度去观察、分析和设计，而不仅仅是做局部改善。随后，伯乐父子的《金矿》⊜的中文版也面世了，它讲述了一个工厂如何通过系统的精益实践实现扭亏为盈。

这时，也有很多优秀的外资企业，例如通用电气（GE）、德尔福汽车（Delphi）等，带来了它们系统的精益实践。国内企业的精益实践逐步从局部的改善上升到系统的改善。

3. 精益变革阶段（2010年至今）

全球许多企业按照《学习观察》上的方法去绘制价值流图，实施价值流改善，终于在整体（财务）上看到了欣喜的结果。作者迈克·鲁斯观察和研究了实施价值流改善的企业达十年之久，发现大部分公司还是停留在精益工具的应用层面上，组织行为和文化并没有发生根本变化，因此改善成果往往不能持续。国内很多企业也大体如此。

迈克后来重新回到日本，研究丰田为什么能持续实施TPS数

⊖ 迈克·鲁斯，约翰·舒克. 学习观察[M]. 赵克强，刘健，译. 北京：机械工业出版社，2016.

⊜ 弗雷迪·伯乐，迈克·伯乐. 金矿[M]. 赵克强，译. 北京：机械工业出版社，2006.

十年，而其他学习和实践精益的企业却不能。迈克发现主要的不同点在于组织文化。于是，他将十年的研究成果总结在《丰田套路》这本书里跟大家分享。迈克的结论是，要想维持改善成果，必须形成精益的组织行为和文化。[2]

经过多年的实践，很多企业都深刻地认识到精益的最终目的是要建立一个能够自我迭代和持续改善的精益企业，而这需要改变组织的行为和文化，这是一个组织变革，也就是我们所说的精益转型。

精益的实践和研究也就从局部改善上升到系统改善，再到现在的组织变革阶段，但并不是说我们就要摒弃之前的精益工具和书籍，而去专注实施组织变革。其实两者相辅相成，组织变革需要以实际的精益改善作为承载和落地。

精益变革和领导力

组织变革并不是一个新话题，国内企业在过去这些年里经历过大大小小各种变革：业务流程再造、战略调整、企业改制、兼并收购、组织架构调整、文化再造等。不可避免地，每次变革都会遇到阻力，经历各种困难。甚至两方势力的对峙让整个公司陷入困境，不得不放弃改变，回到原来的样子。

哈佛大学教授约翰·科特（John Kotter）在《变革的力量》中指出：成功的转型项目需要70%～90%的领导和10%～30%的管理。然而，由于历史原因，今天许多组织都没有形成强有力的领导力。几乎所有人都认为变革的问题在于管理。[3]

管理主要是应对复杂性。管理的实践和流程主要伴随着20世纪大型组织的发展，因为没有良好的管理，复杂的组织不会有序运作。管理者通过制订计划和预算目标，设计组织架构，跟踪目标的完成情况，以实现组织的目标。相反地，领导主要是应对变化，包括制定未来愿景，以愿景动员人们，并激励人们克服困难，实现愿景。[4]

科特教授作为变革和领导力领域的权威，出版了一系列经典著作，来阐述变革过程中领导力的重要性。简而言之，就是领导者是成功推动变革最重要的因素之一。

那么问题来了：成功的精益变革需要什么样的领导者（一把手）？

这基本上算是一个哲学问题。每年都会有数不清的关于领导力的图书和论文出版，大学和各类研究咨询机构都在不断推出不同的领导力模型，而且每一个模型和理论的背后都有大名鼎鼎的学者和教授。在讨论这个问题之前，我们先来看一看关于领导力研究和实践的概貌。

对领导力的研究基本上从管理学的诞生开始，也就是20世纪之后的近百年时间。简要来说，领导力发展过程中曾出现几个主要的理论：领导特质理论、领导行为理论、情境理论（权变理论）、变革领导力理论。

领导力研究最早关注的是一个基本问题－"领导者是不是天生的？"早期的观点认为领导者是天生的，而不是后期可以造就的。这个"伟人理论"和随后的领导特质理论有着紧密的联系。学者通过研究很多领导者，希望从中得出"卓越领导者具备哪些特质"的答案。但是这些早期的努力并没有形成一致的意见。盖尔（Geier）在1967年对20项研究文献进行回顾之后发现，在这些研究所列出的近80种领导特质中，仅有5种特质能够在4项以上的研究中被发现。[5]直到20世纪90年代，特质理论得出的最让人信服的结论可能就是"领导者与他人不同"。[6]

之后，领导特质理论不再热门，虽然还有一些研究者和商业机构在应用一些模型对领导者进行测评。

特质理论研究未能取得预期的成果，让很多研究者自然地转到另一个研究视角，试图寻找有效的领导者是否有不同的行为方式——也就是"领导行为理论"。这和特质理论在底层有一个根本区别，它认为行为是可以后天培养的，也就是说领导者不再是天生的。这比悲观的"领导天生"更具群众基础。这里最有代表性的就是罗伯特·布莱克（Robert Black）和简·穆顿（Jean

Mouton)的"管理方格理论"。

管理方格理论用到的工具是管理方格图。管理方格图是一张纵轴和横轴各9等分的方格图,纵轴表示企业领导者对人的关心程度(包含对员工自尊的维护、基于信任而非基于服从来授予职责、提供良好的工作条件和保持良好的人际关系等),横轴表示企业领导者对业绩的关心程度(包括政策决议的质量、程序与过程、研究工作的创造性、职能人员的服务质量、工作效率和产量),其中,第1格表示关心程度最小,第9格表示关心程度最大。

从1/1的领导者到9/9的领导者,他们提出了主要的5种管理风格。1/1的领导者代表的是无所作为、对人和工作都很少关心的"甩手掌柜",9/9的领导者代表的是将激励人心的能力与精湛的组织能力进行有效结合的"完美"领导者。

管理方格理论本质上是一个行为理论,管理者可以通过这个模型评估个人的管理类型,然后看出差距,有针对性地进行训练,从而逐渐成长为卓越的领导者。

这时有另外一个学派认为,不考虑领导者所处的实际环境的静态评估是不完善的。他们关注环境对领导力产生的作用。常举的例子就是丘吉尔的故事,他在战争时期是一个强有力的领导者,但在和平时期却不是。这就是"情境理论",后续的"权变理论"也大致相同。没有任何一种领导方式可以适用于所有的情境,需要在不同的情况下选择不同领导风格。这里的代表人物是保罗·赫西（Paul Hersey）和肯尼思·布兰查德（Kenneth Blanchard）。该理论确定了四种领导风格可以用于不同的情境：命令型领导、说服型领导、参与型领导和授权型领导。

近些年在急剧变化的大环境里，很多组织都开始进入变革过程。这个时候，变革领导力理论就应运而生。这里的代表人物就是哈佛的约翰·科特教授。科特通过大量的实例总结出，智商、内驱力、心理健康和正直品格都是构成领导力的重要因素。[3]

面对这些大名鼎鼎的教授和商界牛人，我们在实践精益变革的时候应该何去何从？老板如何去选择一把手（职业经理人），一把手如何去改变和提升自己，从而推动成功的精益变革？

伟人理论和特质理论更像是宿命论，不管得出的结论是卓越的领导者具备什么特质，总能找到卓越的领导者不具备这些特质。无论如何，我们不能忽视一些基本特质，也就是约翰·科特教授在《变革的力量》里面所讲的智商、内驱力、心理健康和正直品格四个特征，它们是对重要职位领导的最低要求。

而在领导力实践过程中，情境理论更具指导意义，即不同情况下要选择不同的领导方式或者行为。在我国现有经济环境和发展情况下，中小企业的精益变革需要哪些精益领导行为？这也是本章探讨的主题。

既然是领导行为，那么在选择和选拔领导人的时候，可以在日常工作中通过观察来评估。另外，更重要的是，行为是可以通过一定的训练和练习来掌握的。

笔者在过去 15 年亲身参与和深入研究国内精益变革的众多案例后，认为卓越的精益变革领导者需要具备（或做到）以下三种领导品质（或行为）：坚韧、亲自参与及勤奋、谦逊。

1. 坚韧

选择精益变革的企业无外乎两种情况：一种是遇到危机，不得不通过精益来求生存；另外一种是希望通过精益变革进一步构建核心竞争力，实现基业长青。不管是哪一种情况，在进行中都会遇到极大的阻力。

笔者关于坚韧的第一课来自达里奥·斯皮诺拉（Dario Spinola）先生，他现在是诗道芬（Staufen，总部在德国的一家知名咨询公司）巴西公司的董事总经理。那是在 2008 年，我们一起参加一个精益变革项目，他是我的项目经理。客户是一家世界 500 强企业，要在全球实施精益变革，包括在南美洲、欧洲和中国。

客户当时的中国工厂收购自一家历史悠久的国有企业。基本上中基层管理和技术人员都是原班人马。由于历史原因，国有企业大部分厂房设计和管理都是源自苏联的模式，工艺专业化布局，部门森严，体制僵硬。这导致欧洲的企业文化和国有企业文化之间时起冲突。

其中一个阻力最大的变革是要打破部门之间的壁垒，建立几个产品为导向的迷你工厂（价值流）。由于是重型装备制造业，工艺设备极其复杂，搬动一个设备动辄近百万元的预算，超过一年的工期。更艰难的是来自现场的强烈反对。打破部门就意味着原来的部门经理将失去职位，因为只有少数几个价值流经理的位置。这些位置通常会由欧洲直接任命，沿用原来的部门经理的可能性不高。

经过无数个日夜的调研和论证，我们拿出了几个至少从工艺设备上可行的方案。当我们兴致勃勃地拿着方案和各部门探讨的时候，发现有直接在会议上拂袖而去的，有闭目养神的，有随便指着本子里的几个百年不遇的问题反问你：遇到这个情况怎么办？停工吗？这可是大国重器，误了工期可是政治错误，你担得起吗？

如此循环反复，我们怎么修改都是一样的问题。这些技术人员和管理人员都处于核心岗位，如此大的动作得不到他们的支持是几乎不可能的。从开始的满腔热情，到硬着头皮去一个个继续谈，再到后面沮丧至极。作为项目经理，达里奥跟我们说了一段话："精益向来是困难的，因为只有少数人掌握这个真理。我们是咨询顾问，是引路人，因此比客户更需要坚定和韧性。坚信精益肯定是有效的。遇到困难，需要的是韧性，目标就在那里，不管有什么困难，我们都要不断地去寻求办法解决。问题解决不也是精益最有效的一个工具吗？如果我们都做不到坚韧，如何去帮助客户？这是我们的职责所在。"

虽然达里奥个子不高，但至今我都记得那时他坚定的眼神。后面几年里，我们不但成功地建立了迷你工厂，还将其演变成行业标杆的精益和数字化工厂。

安镁董事长在美国工厂遇到危机的时候，同样坚定地相信精益可以挽救公司。他遵照阿特·伯恩先生和他的书《精益转型》上的指导去启动精益变革。书上得来终觉浅，做过精益的同人应该都知道，照着书上写的去做会遇到多少意外的困难，而且书上并不会有答案。无数意想不到的困难，加上业务订单的大幅下降，只有足够坚韧才能带领团队卧薪尝胆，扭亏为盈，直至建立一个精益的标杆工厂。同样地，当安镁深圳工厂面临关闭的危机时，马修先生坚定地相信精益可以扭转乾坤。他寻觅精益教练辅导工厂，再次挽救了公司。

安镁深圳总经理 A 总接任的时候，面临内忧外患：

- 传统制造企业，所处的市场是红海，没有自己的技术壁垒。
- 个人没有行业经验，只身空降。
- 身处寸土寸金、经济高速发展的深圳，土地成本、人力成本居高不下。
- 持续多年亏损，士气低落，人员流动率大。

在他上任第一天的员工大会上，员工问的第一个问题是："公司倒闭的话会赔偿我们多少钱?"大部分员工在过去的几年里都听了太多的精益管理理念和管理层信誓旦旦、激情洋溢的演讲,他们都在等着公司关闭,好拿到补偿再找一份工作。这时候他的眼神和达里奥一样坚定,他直面提问的员工说:"公司不会关闭,我会带着大家扭亏为盈。"苍白的语言是不足以让员工信服的,他先说服太太放弃在苏州的舒适生活,毅然举家搬到深圳。

精益也绝不是能药到病除的速效药。虽然第一年的努力取得了一定成绩,但年终财务报表却狠狠地打了他的脸,亏损依旧。董事长并没有因此解雇这位年轻的领导者,而是坚定地告诉他:"坚持做对的事情,结果自然会来。"员工其实也不是傻子,在这一年的艰难中看到了领导层的坚韧和努力。那一年的年会上,没有人问公司什么时候关闭,而是问:"明年公司盈利了,能不能在年会上多抽几个大奖?"

在安镁深圳,有一张非常著名的图片(见图2-1)。每次遇到问题或者困难,总经理都会拿出这张手画的图跟大家重复:"我们遇到困难和问题的时候,第一反应都会是去找一种相对容易的方式,选择绕开这个问题。或者逃避,或者……甚至完全放弃。这些年,是我们宽容这样的行为,才造成了今天大家都绕开和逃避问题的文化。问题不断重复出现,大家疲于奔命。精益的问题解决方法是PDCA,其最重要的核心是要找到问题的根本原因,然后针对根本原因对症下药,才能真正解决问题,不会让问题重复发生。"

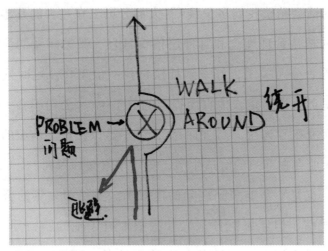

图 2-1　绕开和逃避问题

正所谓"冰冻三尺非一日之寒",同样地,改变员工的行为习惯,也不是总经理在会上讲两次就可以做到的。变革的艰难最后都会落到员工行为习惯的转变上。成功精益变革的前提是一把手要坚定目标,以身作则向员工传递这份坚定,并在此艰难的过程中百折不挠,不逃避和绕开问题,直到达成目标。

2. 亲自参与及勤奋

《精益思想》的作者沃麦克博士在《现场观察》⊖这本书里面提到现场走动的三个原则:到现场去、问为什么、尊重员工。精益随时都在强调现场的重要性,沃麦克博士说的"到现场去"就

⊖ 詹姆斯·沃麦克. 现场观察 [M]. 余锋,赵克强,译. 北京:机械工业出版社,2013.

是指领导者要到现场去，亲身去了解实地的情况，甚至卷起袖子亲自参与。

精益变革的过程中，一把手亲自参与会起到至关重要的作用。安镁董事长在芝加哥工厂陷入困境的时候，不仅买来市面上所有的精益书籍，自己开始学习，还将行军床搬到了公司办公室，卷起袖子带着团队从最基本的改善开始，经过数年才扭亏为盈，并逐步建立了标杆工厂。

相对地，安镁深圳在2011年陷入困境的时候，董事长授权中国管理团队，也定期到中国带领改善。但是中国管理层那时却认为改善是老板的事情，董事长在的时候才从办公楼里走到车间去参与改善活动。董事长离开深圳时，他们就长舒一口气："终于不用到那热死人的车间里去了。"压铸车间需要将铝合金加热到650℃的液体状态进行生产，车间里就像装了10台超大功率"加热器"。夏天深圳的湿热天气加上这些"加热器"，车间确实是"热死人"，冬天倒是很舒服。后来那位年轻的总经理把自己的办公室搬进了车间，让所有员工都能看到总经理每天的工作。而且他每天有超过50%的时间都不会坐在办公桌前，而是在车间和团队一起工作。

捷安特中国公司的总经理古荣生先生从2006年开始至今，坚持把每个星期三和星期四作为全公司的改善日，亲自带领所有的干部聆听员工的改善成功报告，并深入现场实地观察验证。[7]

变革过程中领导者需要做很多艰难的决定，到现场去，亲身参与能让领导者了解一线的真实情况，只有这样才能全面掌握现场的情况，给关键决策提供重要的参考。

安镁深圳总经理在加入公司之前，没有深入接触过压铸行业，只有通过不断地改善品质和提高效率才能在短期实现扭亏为盈，稳定军心。可是所有的改善都离不开专业和行业知识，员工有时候也会试探这位空降的总经理到底懂不懂。他依然记得有一个品质改善项目，分析到最后大家都认为是模具的问题，但是模具工程师和压铸工程师对改模具的方案意见不一致。是选择甲方案还是乙方案？大家都把眼光投向了带领这次改善的总经理。通常大多职业经理人都会遵循教科书上教授的管理方法，找一位工程师负责这个方案评估，然后提出一项建议，送交总经理做决策或者再组织一次投票。

但是他出乎大家意料地拿出一张纸，从头开始和工程师一起计算模具和压铸参数（见图2-2），从压铸工艺工程本身来分析优劣，再将参数请美国总部进行模流分析⊖（那个时候安镁深圳还处于凭经验管理压铸，还没有建立起模流分析的能力），第二天就拿到了美国工程师发来的分析结果。方案选择显而易见，后来也证明这次改模方案从根本上解决了这个品质问题。

⊖ 压铸模具内的液体流动仿真分析，通过专业仿真软件对模具内部金属液体的流动、热量的流动进行仿真分析。可以在设计阶段就对模具设计和生产参数进行仿真分析。

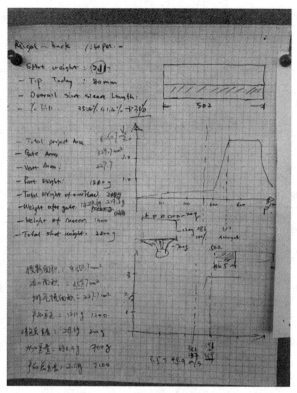

图 2-2 压铸参数计算

改善团队里好几位跟总经理接触不多的员工异常惊讶：你一介书生，没干过压铸，才来公司不到一年怎么会懂这些？就算你每天在车间转，向压铸工请教也不见得有用，因为这些计算是工程师的工作，现场员工压根儿也不会啊。殊不知，这位年轻的书生，把《压铸技术手册》读了好多遍，遇到不会的就向工程师请教，还到现场去和压铸工商讨，甚至在短短半年时间里学会了操作压铸机。

掌握所在行业的知识并不是说你要去做工程师的工作，而是可以深入参与讨论，带领改善，在关键问题的决策上更有信心，并更大胆和更稳妥。同时，也防止反对你的员工利用你对行业的"无知"设下"陷阱"。精益变革需要强有力的领导，但如果没有对行业技术的理解，会出现简单粗暴的管理方式，甚至给企业带来毁灭性的打击。

更重要的是，一把手亲自参与可以给艰难处境下的员工一份信心，认识到领导真的是想要挽救这个公司，而不只是来镀金的。这种信念靠激情洋溢的演讲是传播不了的，而以身作则和在现场亲身参与就是最好的宣传。员工之间自然会相互传播这样的"奇怪"信息："你知道吗？新来的那个书生平常跟我们学学开压铸机，我们都以为他就是做做样子。没想到他还会算压铸参数，这个改模方案是他拍板的，还真不是吃素的。"

记得笔者曾经问过捷安特的古总一个问题："您作为中国区总经理，工作肯定比谁都忙，但是每周三天在现场，那您其他工作怎么办？成百上千的邮件怎么办？"他回答说："这些工作可以在下午5点下班之后做啊。"

安镁深圳的总经理也是如此，公司当时在困境中，很多地方都需要他，接待客户、新项目、客户投诉、供应商、设备甚至员工食堂等。哪来那么多时间去现场改善？答案是跟古总学的：下午5点下班之后处理邮件、学习《压铸技术手册》等。到晚上8

点白班和晚班交接班的时候再去现场走一圈，这样第二天晚上 8 点就能知道昨天晚班的生产情况了。

有愿就有力，亲自参与加上足够勤奋，一定能给团队和员工带来正面和积极的影响，这些微妙的变化会降低变革中的阻力。

台湾引兴是一家为机床行业提供保护套、排屑器和机罩等薄钣金加工件的中小型制造企业。在台中、高雄、上海、嘉兴和昆明等地设有工厂。引兴的品牌为"Keyarrow"，在行业内因产品品质极高而颇有名气，在台湾地区市场占据 70%～80% 的份额，在大陆地区的高端市场也占据较大份额。丰田的李兆华老师这么评价这家公司：该公司通过学习和实施精益，不断改善业务运营，如今已建立起接单生产并直接发货的模式。

从钣金的折弯开始，引兴大约只需 2 个小时就可以达到可发货的状态。根据引兴董事长王庆华先生在 2016 年全球精益高峰论坛上的介绍，引兴已经成功研究出交付周期更短的技术，有望使产品从头到尾的生产时间进一步大幅缩短。引兴在管理和工程方面不断努力，积累了深厚功力，为自身带来巨大的竞争优势。这不仅是量的差距，也是质的优势。

同济大学周健教授在引兴的案例研究中对统管台湾

和嘉兴两地工厂的总经理王佳惠女士有这么一段精辟的总结：

"这位身形娇小的女性有着最为正宗的精益特质，不仅对公司的长远和全局工作有着深刻的理解，对现场也特别熟悉，并不遗余力地培养下属，将'3K行业'的低学历员工培养成能承担企业未来发展重任的现场管理者和生产技术专家。"

在交谈中我们了解到，现在统管两岸工厂的她在公司的第一个职位是仓库助理。从对现场的熟悉程度看，她必定常常在现场走动。而且，看似工程背景不足的她，对现场很多事务的理解颇为深刻。在陪同我们现场参观期间，她准确地回答我们不时提出的各种问题，绝大部分问题与工程密切相关，但她都能对答如流。

至今仍让我印象深刻的是焊接过程中的烟尘问题。我们访问过的绝大部分有焊接作业的工厂中都有不小的烟尘，因此工厂普遍采取隔离和排烟措施。即便如此，工作区域还是会产生许多灰尘，只能留待下班后清扫。这带来了两个方面的不利后果，一方面焊接区的地面会比较脏，另一方面随着人员走动，焊接区的灰尘还会被带到其他区域，造成更大面积的脏污。

但是，引兴嘉兴工厂的焊接区域似乎没有这些问题。

空气中几乎没有焊接的烟尘,我们也没有看到隔离和吸尘措施,地面非常干净。我们都感觉有些奇怪,并就此向王佳惠请教。王佳惠说,烟和尘虽然都是焊接过程中经常产生的东西,但它们的性质是不同的,有着不同的形成机理和后续表现(烟向上,而尘向下)。引兴针对烟的形成机理采取对策,实现了无烟的效果。针对尘,引兴设计了专门的工装,使其在下落过程中几乎100%地被收集起来,因此不会造成污染。王佳惠简单几句话就让我们茅塞顿开,我们对王佳惠和她代表的这家公司的整体工程能力心生敬佩。[8]

经营者和主管者必须亲自带领全体员工亲自动手、亲自参与。企业的生死存亡就在经营者的一念之间。成功者找方法,失败者找借口。有想就有,无想就无,你说能就能,心想就能够事成。[7]

——捷安特中国区总经理
古荣生

3. 谦逊

沃麦克博士讲的"到现场去""问为什么""尊重员工"中的"问

为什么"并不是要去挑战员工,而是要以谦虚的心态去了解实际情况,去了解为什么会发生以及后面的原因。如果管理者一副趾高气扬的领导样子,并没有对现场的员工表示尊重,他们当然不会告诉你真实的答案。所以后面两个原则简而言之,就是要保持谦虚的心态。

吉姆·柯林斯(Jim Collins)和他的研究小组历经五年找到了一些答案,确定了从优秀到卓越所涉及的一些因素。而且,这些因素中最令人惊讶的是所需要的领导力类型。在经典著作《从优秀到卓越》[1]中,柯林斯引入了一个新的名词来描述这种类型的领导者:第5级领导者[2]。从第1级到第5级,领导能力逐步增长。其中第5级领导者是卓越领导者,拥有前4个层级领导者的所有技能。

柯林斯还建议,企业聘用高级管理人员就应该寻找第5级领导者。同时,柯林斯认为谦逊是塑造第5级领导者的关键因素。他用了一个简单的公式表达:谦逊性格 + 职业意志 = 第5级领导力。第5级领导者拥有一种二元性——谦逊的性格和强烈的意志,不愿意抛头露面,又无所畏惧。

安镁深圳的总经理刚上任的时候,虽然要基本从头开始再做一次精益,但是他没有选择推翻原来的做法,而是认可大家在前

---

[1] 吉姆·柯林斯. 从优秀到卓越 [M]. 俞利军, 译. 北京: 中信出版社, 2009.
[2] 原书翻译成第5级经理人。

些年艰难环境中所取得的一些成就。以谦虚的心态去了解问题出在哪里。很多空降的总经理都会意气风发，经常会说：你们这里哪哪哪不好，我原来的公司是怎么做的。照这样做，就犯了问题解决里最容易犯的错误——没有分析原因，直接跳到解决方案。这样的方案通常不会有效，因为不同企业和行业有其特殊的情况。而且这种方式会引起"老人"的反感，树立本不应该有的敌人，为变革徒增很多的阻力。

谦虚的心态不是表面上的客气，而是要从心底相信，并以身作则。久而久之，团队和员工会感受到你的谦虚和开放的心态，开始告诉你一些实情，甚至在你快要掉到坑里去的时候伸手拉你一把。

安镁董事长马修先生在全球精益峰会上也曾分享精益领导必须具备以下三点：

（1）谦虚——愿意承认事情不如想象的乐观。

（2）持之以恒——为了看到效果，愿意多年坚持。

（3）亲身投入——愿意到生产车间去帮助推动改善，不介意全身弄得脏兮兮。

> 成功的精益变革要求我必须身先士卒，并愿意承担改革带来的风险，只有这样团队才会参与进来。
>
> ——安镁联合工业集团董事长
> 马修先生

第 3 章

扭亏为盈三部曲
品质、流动、拉动

当企业陷入长期亏损，或者想通过精益进一步提升竞争力，你会选择从哪里开始呢？我们知道《精益思想》告诉我们的五大原则：①价值；②价值流；③流动；④拉动；⑤尽善尽美。从识别客户价值开始，然后绘制价值流图，进行价值流改善。

可这是学者研究升华之后的抽象模型，到具体的企业往往是各有各的特殊，各有各不一样的困难。很多企业都很难按照这个步骤去实施精益变革。或者即便按照这个去实施了，也会在中间遇到极大困难。

品质改善

最早的 TPS 屋形结构中（见图 3-1）有两个支柱，一个是自动化（自働化，JIDOKA），一个是及时生产或即时生产（Just In Time, JIT）。由于很多客观的原因，JIT 在很长一段时间都是丰田生产方式的代名词。畅销的精益书籍鲜有详细阐述 JIDOKA 的，就算有涉及，也只是谈到一些具体的防错技术、设计和应用。由此导致，很多早期学习丰田和精益的企业，在实施的过程中，更多的是拉动、看板、流动、现场改善等。

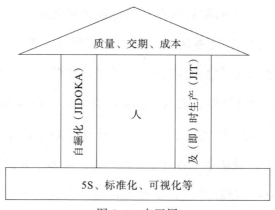

图3-1　丰田屋

实际上，丰田所谈到的JIDOKA，指的是质量探测和控制水平，在发生品质异常的时候，在制程中就能探测到，同时自动停机并发出警报（Andon，安灯）。这个非常简单的词语和概念，背后可能是几代人的努力和积累。第一，要非常清楚缺陷是什么，更难的是，要弄清楚缺陷发生的机制。因为在JIDOKA里面，目标是探测到制程中的异常，而不是发生后的缺陷探测。第二，再研究如何探测到制程的异常并自动停机。⊖丰田家族起家于纺织机械，而让丰田纺织脱颖而出并积累投资汽车的资本的关键技术之一就是断线自动检测并停机的专利。所以丰田汽车从诞生之日开

⊖　熟悉FMEA的读者可能感觉有点儿熟悉，这个逻辑和FMEA里面的探测度是很类似的。

始，血管里面流的就是质量的血液。再加上后来的JIT，才逐渐形成了今天我们看到的TPS。

后期研究丰田的学者所看到的已经是世界级的丰田。后期精益的书籍，虽然都会强调JIDOKA的重要性，但几乎都有一个对于大部分企业不存在的假设：品质是稳定的。国内很多在前面20~30年创立并发展起来的中小企业和丰田有很多不同。其中一个最大的区别是，这些企业还没有一个相对稳定的质量。汽车行业在谈每百万件缺陷数（DPPM）的时候，很多企业的质量目标都是合格率95%。就算是以这个数为目标，也是三年目标，短期内无法实现。一个是100件里面有几个缺陷，一个是100万件里面有几个缺陷，这个差距不仅仅是数量级的差异，更是制程能力和品质能力几何级数的差异。

精益顾问都曾被问过：我们不是丰田，也不是汽车行业，精益适用吗？顾问的标准答案往往是，精益不仅是一系列的工具，更是其背后的逻辑思想。精益思想不仅适用于汽车行业，还适用于其他制造业和服务业。比如我们做不到单件流，但是可以不断地降低生产批量，无限接近于连续流。

这个说法固然没有错，但是如果忽略了品质稳定这一个前提，会让我们事倍功半，甚至这会成为压倒我们的最后那根稻草。例如，建立连续流生产单元，如果品质不稳定，连续流会被经常打断，或者以很快的速度制造出一堆不良品。

一位在丰田美国公司和福特公司都工作过的老师给我讲了一个关于安灯的故事。当时福特学习丰田在生产线上建立了安灯系统，但是没多久就拆掉了，因为有问题就拉安灯，生产线的中断实在太多了，连正常的生产都没办法进行。

1. 品质危机

那是一个冬天，安镁深圳的总经理 A 总第一天上任，就接到了公司最大客户之一 Y 公司的批退⊖投诉。这是一次很严重的投诉，产品的直接不良成本（包括返工、检验、报废和加急运费等）还是其次，更严重的是一次批退记录就可能导致在客户的供应商年度评分中不合格，年度评估不合格会进入等待名单，下一个年度不会再收到新项目的询价。同时，退货可能会导致客户总装线停线，从而要求供应商支付巨额赔偿。

在 Y 公司的季度业务回顾（Quality Business Review，QBR）中，由于安镁在过去两年中糟糕的质量和交付表现，客户已经将安镁降级到等待名单，不再是合格供应商。这样的话，安镁在下一年度不会再收到新项目的询价，如果在这个年度的评估再不合格，Y 公司将会结束和安镁所有的合作。

Y 公司是安镁几十年的合作伙伴，开始时在美国是芝加哥工

⊖ 批退，批量退货。产品在抽检中发现不合格，客户会将整批货退回。

厂的客户。随着 Y 公司将生产线搬到位于广东的 OEM[一]工厂，安镁深圳也开始给 Y 公司供货。Y 公司的销售额占到安镁深圳工厂的 15% 左右。如果这个客户流失，对已经连续亏损数年的安镁深圳来说，就可能会是那最后一根稻草。

屋漏偏逢连夜雨，也只能背水一战。

被投诉的零件是一个小零件，价值不高，但却是客户整机里面的一个关键零部件。在两个指甲方块大小的压铸件上装三个销钉，用来安装齿轮。被投诉的缺陷是销钉的位置度超差，可能会导致齿轮卡死。

虽然抽检的不良率只有不到 10%，但是退回来的 5000 件产品基本上只能报废。因为这个尺寸精度只能用三坐标测量仪（CMM）[二]来测量，每测量一个零件需要两分钟。先不说全部测量需要的时间，长时间占用三坐标测量仪也会影响正常生产的首检巡检，造成更大的质量风险。

[一] OEM，Original Equipment Manufacturer 的缩写，原始设备制造商。具体的生产任务通过合同订购的方式委托同类产品的其他厂家生产。之后将所订产品低价买断，并直接贴上自己的品牌商标。这种委托他人生产的合作方式简称 OEM，承接生产任务的制造商被称为 OEM 厂商，其生产的产品被称为 OEM 产品。

[二] CMM 即 Coordinate Measuring Machine，三坐标测量仪是指在一个六面体的空间范围内，能够表现几何形状、长度及圆周分度等测量能力的仪器，又称为三坐标测量机或三坐标量床。三坐标测量仪又可定义为"一种具有可做三个方向移动的探测器，可在三个相互垂直的导轨上移动，此探测器以接触或非接触等方式传递信号，三个轴的位移测量系统（如光栅尺）经数据处理器或计算机等计算出工件的各点（x, y, z）及各项功能测量的仪器"。

重新生产的话面临同样的挑战，同样的生产条件，不良率都接近10%是肯定需要全检的。如何生产补货又是一个难题。这个产品只有安镁一家供应商，客户投诉的同时告知，装配线的库存只够一个星期，本周五不送货的话，下周一就会停线。这将会造成巨额的停线损失，结合前几年在客户方的质量表现，安镁很可能会被取消供应商资格。

上任第一天的下马威确实让 A 总一身冷汗。董事长马修先生建议 A 总现在就带上项目、品质和生产人员驱车三小时去客户的组装代工厂。因为精益最重要的一点就是要到现场去。马修心里在想，在危机之下，作为一把手的总经理，A 应该到最前线去感受一下客户的压力，这也是他成长的必经之路。

马修和 A 总都非常清楚此行的目的：一方面是到装配现场去看一看不良事故的具体情况，掌握一手的信息；另外一方面是对质量问题快速反应，让客户觉得你的态度是积极的，或许还有挽回余地。在路上 A 总当然也有心理预期，出了这样的质量事故，就算总经理亲自来，也肯定会遭遇客户的冷眼。

客户工厂森严的门禁需要受访人到门口来接访客才能进去，负责这个项目的供应商品质工程师李工在产线上处理这次质量事故已经焦头烂额，供应商的突然到访让他分身乏术。A 总足足在门口等了近一个小时才见到黑着脸的李工。

没有寒暄，A 总匆匆介绍了自己是新上任的总经理就跟着李工到了装配线。装配生产何主管手上还拿着那个小零件和装配在一起的几个小齿轮，一听是来自安镁的总经理，一脸不满："怎么你们每个零件都有问题？你看看你们的竞争对手，每个月交几十个料号，几十万件产品，从来没有发生过批退。你们就几个料号，你说哪个没有批退？交同样的零件，你们的产品就总是有各种中断，L公司的产品就很顺利。现在我们产线上的员工都不愿意用你们的产品。"

"确实是我们的产品出了问题，我们就是来了解问题、解决问题的。我们想看一下不良品是如何影响到齿轮装配的，可以带我看一下吗？"A总忐忑地询问。

生产主管正好手上拿着那几个齿轮和几个不良品，有点儿不耐烦，但还是把几个注塑的齿轮装在销钉上，出现了干涉，齿轮不能自由转动。虽然装到整机上在电机带动下不会影响功能，但是会有异常的噪声，后续也有卡死的风险。"这个装配的要求是齿轮在自由状态下能自由转动。"生产主管补充了一句。

"我们的料是已经上了装配线才发现不良的吗？"安镁深圳品质工程师小郑问道。

"是的，产线发现齿轮有些卡顿，反映给李工。李工拿去三坐标检验，发现你们的关键尺寸都超差了。我们还得紧急换别的批次的料，还好之前的是合格的。"何主管抱怨道。

"给您造成麻烦了，我再请教个问题，我们这个合格的料还够用多久呢？"A总这个时候还想知道自己还有多少时间来补货。

何主管翻了一下生产计划说："按照上午更新的计划，下周二用完就会断料了。如果你们下周二还不能补货回来，停线就得算在你们头上了。"

A总长吁了一口气，起初得到的反馈是这周五不送货的话就会导致停线，现在看来下周一送货就可以。这样多了一个宝贵的周末。

李工看着手机上不断响起的微信消息，转身准备离开，让何主管把手中的几个不良品给A总说："（既然）你们也来了，（我就直接说了，）这不是第一次发生了，8D报告⊖都写了两三个了，但是一直都没有从根本上解决问题。也不用我教你们怎么写报告了，这几个不良品我开个放行条让你带回去，抓紧分析问题。若再不能解决，我也帮不了你。"

"能不能给我几套装配用的齿轮？"A总临走前对何主管说。

何主管愣了一下，看着这个总经理，安镁发生过很多次品质投诉，从来没见过他们的总经理到装配现场来。最多也就是厂长来不停抱歉，然后说些不着边际的改善措施，拍拍胸脯保证下次不再犯。但是也没见有什么用，每个料号的投诉总是重复发生。

⊖ 8D报告：8D问题解决法（Eight Disciplines Problem Solving，8D）也称为团队导向问题解决方法，是一种处理及解决问题的方法，常用于品质工程师或其他专业人员。8D问题解决法的目的是识别出一再出现的问题，矫正并消除此问题，帮助产品及制程提升。若条件许可时，8D问题解决法会依照问题的统计分析来产生问题的永久对策，并且用确认根本原因的方式聚焦在问题的根源。从D1到D8有8个结构化的步骤，俗称8D报告。

这个总经理有点儿意思,知道到生产线上来看,也知道问我要装配件,而且还什么承诺都没说。

何主管为难地看了下李工,按照规定,这个零件不属于安镁的料号,是不能让安镁带回去的。李工好像着急要去开会,对何主管说:"这个小塑胶件就算了,他们正常去找 Y 公司肯定可以拿得到,但是走完流程都要下周了。你就给他两套装口袋带回去吧。"给供应商总经理一个面子也是常有的操作。

回到公司,A 总向马修汇报了这次的情况。有几个关键的信息:

(1)客户装配线不停线的最后发货时间是下周一,不是这周五,这样就多了一个宝贵的周末。

(2)虽然判断产品是否合格的金标准是三坐标的尺寸检测,但是装配现场判断产品是否合格的办法是用齿轮实配。这就意味着有必要用齿轮实配来判断是否合格。不然退回的 5000 件产品就算用三坐标全检的话也是白检测。

但是这些"好消息"并没有改变目前面临的残酷现实。这个产品不是第一次出现品质投诉,这意味着我们之前有客户投诉,但是并没有找到问题发生的根本原因,而是由品质工程师闭门造车写了 8D 报告交给客户。这不是一个简单的质量问题。

A 总此刻感到后背冒出一股凉气。上午马修先生在员工大会上宣布 A 总就任总经理,员工都在议论马修先生是不是老糊涂了,找来这么一个年轻的书生,还没干过压铸。压铸工厂的员工都是大嗓门，有员工就直接问："如果工厂关门，给我们赔多少钱啊？"

马修看着有点儿惊慌的A总，淡定地问道："如果是丰田遇到这种品质抱怨，他们会怎么做呢？"

A总不假思索地回答："找团队用A3的思维解决问题。先搞清楚问题的现状到底是什么，然后分析问题发生的根本原因，再对症下药。最后再用数据来验证措施是否有效。也就是PDCA[⊖]的循环。"说到自己滚瓜烂熟的精益A3，A总的语气开始显得自信起来。

马修先生笑了笑："那你还等什么呢？"

A总马上找来工程师、品质人员、CNC技术员、三坐标测量技术员、生产人员等。在大白板上画了一个空白的A3框架图，并把何主管给的齿轮交给品质人员，让他去用齿轮检测的办法从退货中找来30件不良品。根据"现场现实现物"[⊖]，不但要去现场，了解实际情况，对品质问题来说，现物——也就是不合格品是必需的。

不带任何成见地到现场实地观察生产状况，对每件事、每个问题重复问五个为什么。

——丰田生产方式的创始人

大野耐一

⊖ PDCA循环，又称戴明环，是一个科学的问题解决的逻辑和思路，分为四步：Plan（计划）；Do（执行）；Check（检查）；Action（行动或者调整）。在某种程度上，和前文所说的8D报告的逻辑是一样的。

⊖ 现场现实现物：精益里面所讲的"三现主义"，亲自到现场（现地）、亲自接触实物（现物）、亲自了解现实情况。

在题目上写上：Y公司4号产品销钉尺寸超差质量投诉。在剩下的地方都留着空白。

大家都好奇地看着A总，心想："这个A3对我们来说不是什么新东西，马修早就带着我们做过几十个A3了。"有一种静静地看你怎么收场的似曾相识的样子。

A总把品质人员拿来的不良品分给大家："大家都知道我们现在收到一个批退，大家先看一下手上的不良品，同时思考一下，我们的问题是什么？"

"我们的品管部门太差了，那么多人，拿着高薪水，还检不出这个不良品。"

"品质是制造出来的，又不是检验出来的。"

"肯定是供应商的销钉超差了，导致压钉的时候，钉偏了。你看，我手上这几个齿轮相互干涉，我做了这么多年，目视都能看出来这几个销钉相互不平行。"一名员工说着，扬了扬手上的不良品，对着从窗户透进来的阳光看了一下。这是一位老员工，一直负责给这个零件在CNC之后安装那三个销钉。

"销钉是从一根棒料车下来的。有一个不合格，整批都会不合格。来料的时候我们都有抽检，刚才我还去现场拿了几个销钉测了一下。这是测量数据，（它们）都在公差范围之内。"

"客户这个公差太小了，这么小一个零件，做不到的。会不会有可能是齿轮有问题？"

"别扯这些，这个又不是新项目，做了好几年了。之前不是一直都这么生产的吗？你看我们当时的 CPK[⊖] 是大于 1.33 的。"

虽然针锋相对，但是大家也没有脸红脖子粗。看来大家对这样的争吵已经习以为常，都在想着看谁来背这个黑锅。这时或许站在白板前那个新来的是最佳人选。大家都把目光投向了他。

这是一个再熟悉不过的场景，遇到问题典型的两种反应：先找别人的原因，直接凭经验给出解决方案。

"我们先搁置这些争议，来看一下问题到底是什么？"进入具体的问题讨论，A 总紧张忐忑的心情好像也消失了，"我们是哪个尺寸超差？超差多少？现在的 CPK 是多少？"

大家安静了一会儿。A 总继续提问："影响这个销钉位置度超差的直接因素有哪几个？"

A 总在白板上画了一个简图，Y 代表结果（尺寸超差），X_1、X_2、X_3 代表直接影响因素。

"销钉直径。"

"底孔直径。"

"底孔位置度。"

大家开始提出可能的原因。

"机加工装夹不到位。"

⊖ CPK, Process Capability Index, 过程能力指数, 表示过程能力满足技术标准（例如规格、公差）的程度，通常简称 CPK。CPK 用数字表示，越大越好，通常要求大于 1.33。

"稍等一下,机加工装夹不到位会导致什么?" A 总打断了一下。

"哦,应该还是底孔位置度超差。"

"那这个是下一层次的原因,我们先写在一边,等一下再来探讨。" A 总点了点头说。

"那么现在问题来了,怎么证明呢?" A 总接着问。

"销钉位置度和销钉直径都可以测量,但是已经安装完销钉了,底孔位置度和直径就测量不到了。"

"我们还有毛坯,机加工夹具也还在机床上,可以加工 30 个产品,先测量好底孔直径和位置度,再去安装销钉,然后再测量销钉的位置度。"

"太好了,那我们兵分两路:一路是三坐标技术员小金先去把拿来的 30 个不良品编号,再测量一下销钉尺寸和销钉位置度,看一下两者有没有什么相关性。另外一路由生产叶主管和 CNC 技术员一组,去现场车间重新做 30 个产品,测量底孔直径位置度之后再安装销钉测量位置度。看这几个参数之间是否有相关性。" A 总简单明了地布置着下一步行动,"现在差不多是 5 点晚饭时间,我们 7 点回来集中,品质人员和项目工程师留一下。非常时间,大家辛苦一下,拜托了。"

2. 临时对策

找到根本原因重新生产合格产品是正确的问题解决方案,但是目前还有燃眉之急。客户那边马上要停线,什么时候能找到根本原因目前还是未知数。必须有一个临时的对策,先避免客户的装配线停线,否则损失太大了。

"不知道大家有没有注意到,客户装配线判断产品是否合格是用齿轮实配的,如果我们也可以用齿轮实配的方式去挑选目前的产品,就算有20%的不良,也还有4000件可以迅速地送到客户装配线生产,避免客户停线。"

"代工厂是不会同意的,他们收货的标准就是尺寸合格,检验方法也写明了是三坐标。除非最终客户Y公司同意特采⊖。"

"我们并不是要客户接受我们的不良品,只是希望能够接受齿轮实配的检验判定方法。"A总说。

"这个确实可以尝试一下,我马上给Y公司工程师打电话。"项目工程师小蔡主动请缨。

"太好了,抓紧安排!"A总感觉呼吸又顺畅了那么一些。

A总也起身到了CNC机床旁边,员工正在生产要用来测试的30件产品。生产主管和CNC技术员也在旁边讨论:"这个CNC应该是比较稳定的,精孔最后一刀是铰刀下去的。这个机床也是进口的兄弟机(Brother,日本著名的机床品牌),虽然有7~8年了吧,但是精度也还不错。"

⊖ 特采:Accept On Deviation,在特定条件(不影响安全和功能)下,为保证交期和避免更大的损失,客户会接受轻微的缺陷产品。

A总也站在旁边观察着员工的操作，忽然发现放置待加工的物料盒分了4个格子，员工每次都只从一个格子里面拿产品，便好奇地问道："为什么会有4个格子啊？"CNC技术员这个时候笑了："A总，这个后面有故事的。您看，这个产品压铸出来是一出四的。4个模穴，精度再高的压铸，也会有不同。之前就是同一个夹具同时加工4个模穴的产品，CNC尺寸一直不稳定。我们经过好几轮试验和改善，最后确定分模穴加工，每个模穴对应不同的机加夹具。现在加工的是4号模穴，产品也是放在4号夹具上。只有一个夹头，加工哪个模穴就安装到对应的夹具上。这也是防错，员工就不会放错夹具了。现在孔径和位置度尺寸很稳定的。"技术员带着些许自豪在介绍着。

"这个主意太棒了，这4个模穴的位置度会有差别吗？"A总继续问道，虽然觉得有点儿尴尬，作为总经理自己不懂压铸的基本知识。

"会有差别，产品不可能完全一样，夹具也不能完全一样，但是位置度都在公差范围之内。"

"那我们需要4个模穴都加工一些来看一下尺寸分布吗？"

"这也可以，我们做出来看看数据。几个模穴之间的切换是很快的，夹头换上，程序调出来就可以了。这样，你做完这15个告诉我，我换个模穴，每个模穴加工15个看一下数据。"CNC技术员对操作工吩咐道。

项目工程师小蔡也来到了现场，对大家说："一个好消息和一个坏消息。好消息是 Y 公司的品质工程师和我们关系还不错，愿意帮忙。让我们写一个偏差请求申请，同时把 10 个用齿轮实配合格（同时附上三坐标测量报告）的零件寄给他们。他们会进行评估。坏消息是，必须严格按照流程来，需要装机后整机连续运转测试 100 小时。也就是说，下午寄出，他们明天早上收到样品上机，也要到周六早上才能有结果。就算一切顺利，批准后的报告最快也要下周一才能发给我们。"

不知道是不是头上的灯，A 总感觉右上方有一道白光闪过。刚刚有的一点儿希望又被扑灭了。下周二客户就要停线了，就算拿到批准报告也来不及了。

没办法用三坐标全检，没找到根本原因之前也没办法重新生产。什么时候能找到根本原因还是个未知数，这肯定不是一个容易啃的骨头，否则也不会到今天这个地步。

A 总此时也束手无策，只是定定地看着操作工在那儿装夹产品。

"A 总，我倒有一个建议，我们有两台三坐标，只用一台来支持生产的首检巡检，短期内克服一下应该问题不大。然后用另外一台三坐标来全检，这样在下周二之前至少有货可以出，避免停线。"生产主管建议说。

"如果能这样那是最好不过，三坐标检测室有什么困难吗？"A 总回头问分管三坐标的品质工程师。

"应该问题不大,检测室是上8个小时的,生产12个小时,我们有4个小时是空闲的。只是要技术员这几天多加点儿班。"品质工程师回答道。

"那我们先这么安排,这几天先克服一下困难。多谢了。"A总觉得胸口的呼吸又顺畅了一些。

如果检测室两班连转,每班11个小时,一小时30件,每天可以检验660件,就算按照80%的合格率,每天最少有528件的产出,加上周六加班,下周一之前会有差不多3000件产品。那么下周二客户装配线就不会停线了。又争取到了一周的时间。

晚饭后大家拿着各自检测的数据回到了会议室。生产员工是晚上8点白班和夜班交班,通常这个时候办公室都已经下班了,只是董事长和总经理都还在,又是事关重大的品质事故,大家也就不好意思正常下班回家。

A总拿着数据把尺寸的分布图画在了结果Y边上。同样,把销钉尺寸、底孔直径和位置度的分布简图也画在了X_1、X_2、X_3边上。

很明显,销钉尺寸和底孔直径都在公差范围内,而且分布集中很好。底孔位置度有3个零件是超差的,统计分析显示,不仅中值偏移,标准差σ也偏大,正好是这几个孔位置度超差的零件在装钉之后超差。几乎水落石出,问题出在机加工工序。

按照之前的假设,我们的CNC加工应该是比较稳定的,不应该出现孔位置度超差的情况。

"那么,为什么会出现位置度超差呢?"

"员工装夹不到位?"

"不会,员工加工的时候我们都在旁边看着,这个也是我们的老员工了。"

"夹具不稳定?"

"不会,这个非常简单,仿形定位,一次装夹。出现变异的可能性极小。"

"铸件变形?"

品质工程师拿着一把零件在大理石平台上对比了一下,基本上 0.1 毫米的塞尺都过不去,说明铸件的平面度没有问题。

白夜班已经交接完,夜班班长来问这个产品晚上继续加工吗?

生产主管不假思索地说:"先生产吧,明天再来挑选。最多也就百分之十几的不良。"

"不行,在没有搞清楚原因之前,晚班先停一下。"A 总没有附和生产主管的意见。这让大家颇为惊讶,这个总经理连压铸一模几穴是什么意思都没弄明白,就要插手生产一线。

有问题必须先停下来,不然继续生产的话,不仅不良品是一种浪费,而且会给员工造成一个印象:有质量问题是没关系的,可以继续生产,反正后面还有人全检呢。

"今天也晚了,我们晚上先回去好好思考思考,明天继续。大家辛苦了。"

> 停止依靠大批量的检验来达到质量标准:检验其实是等于准备有次品,检验出来已经是太迟,且成本高而效益低。正确的做法,是改良生产过程。
>
> ——世界著名的质量管理专家
> 爱德华·戴明(W. Edwards Deming)

3. 水落石出

周二一早开完早会,A 总和几位同事已经在 CNC 机床旁边,手里都拿着几个刚机加工完成的零件在看。开机的员工也站在一边等待是否开始生产。生产人员和品质技术员也和员工老何握了握手,寒暄了几句。老何在公司已经工作了十多年,是个全能工,不仅会操作压铸机、CNC,还是抛光打磨的一把好手。

生产叶主管和老何也共事十多年了,他问老何:"老何,这个 CNC 按理来说是比较稳定的,怎么会出现位置度超差的呢?"

"以前位置度也超差过,上次你们改善了按模穴机加就好多了。上周吧,有一次加工 4 号穴的时候巡检超差了,品质上来就说我装夹不到位导致超差了。我拿那个产品一看,是 3 号穴的产品。4 号穴是最后一个穴号,物料盒里就剩下 4 号穴的压铸件。拿料是不可能拿错的。肯定是前面压铸的同事不注意混料了。3号穴的产品用4号穴的夹具和程序,那肯定超差啊。这个也不是我一个人能做的,要大家都用心做才行。前面混料了我也没招儿,那么小的零件,穴号不仔细看的话完全看不清楚。"老何打开了话匣子。

"那上周生产的时候有这个现象吗?"品质小郑接着问。

"上周有一批比较多,昨天做的那批料也是上周压铸的,听说是物料盒倾倒了,3号穴的料混到4号穴里面去了,后面一个个挑出来的。"老何回答道。

"谢谢老何,我们先回去看一下昨天那批的穴号。"

A总和几位同事赶紧回到会议室检查昨天那批试验品的穴号。那三个不良品都是3号穴。品质小郑把昨天那60件按穴号区分开来,发现4号穴只有12个,3号穴有18个。难不成真的是3号穴混料到4号穴里面了?

生产叶主管也赶紧去把现场还剩下的4号穴的料拿回来,一个个挑选,还真从里面挑出来差不多5%的3号穴的产品。

不良品果然是上周在压铸混料之后没有挑选干净导致的!

"那我们抓紧试一下,先把压铸件都按穴号挑选好。然后每个穴号再做30个看一下。"生产叶主管也是个急性子。

一天的生产很顺利,4个穴号的首检巡检都合格。马上又要到白夜班交接班的时候,大家都挤在检测室看着技术员小梅在测量,等待着检测的结果。打印机还在打印最终的报告，小梅已经按捺不住告诉大家，今天生产的120件产品全检合格。4个穴号的产品CPK也都大于1.33。

这也意味着，重新生产的产品只需要经过首检、巡检和出货抽检就可以出货。不再需要三坐标全检，也不用找客户去申请特采了。

后面几天的生产也按部就班，周五就顺利出货。避免了客户方的停线，也争取了一个喘息的机会。

虽然这个品质投诉告一段落，但这并不是个案，反映的是一个系统问题。同时有很多其他客户投诉，处理的方式也基本上是同样的。只要有品质投诉，就都是品质工程师的事情，他们去跟客户开电话会，然后闭门造车写8D报告给客户。这样问题没有从根本上解决，品质不合格不断重复发生，逐渐形成恶性循环。

马修告诉A总："前线烽烟已起，作为总经理，只能披挂上阵。对于所有的客户投诉，你都要深入了解，参加每一个电话会。8D的改善可以放在周六，如果想周六不用加班，那么就努力把品质做好，没有客户投诉，周末就可以不用来加班参加改善了。"

精益最具有代表性的价值流图、5S、拉动看板等好像都在这个时候哑火了。原本期望用精益来扭亏为盈，挽救这个公司，但是现在面临的危机却是品质问题。精益的书籍和培训很少有着重在这方面的，大部分是一带而过。

别无选择，只能放下自己最拿手的价值流图、拉动看板设计，回到质量管理本身。因为品质不稳定，不仅可能会丢掉客户，而且大家会忙于灭火，无暇思考防火的事情。由此进入恶性循环，其他方面做得再好，也无法挽救这个公司。

A总带着团队，参加每一个客户投诉的电话会，尽可能地到客户现场去了解问题，按照科学的PDCA的思路，周六和大家一起进行品质改善，每周进行回顾。

周末加班来改善是没有加班工资的。团队颇有怨言，可是每周六来得最早的都是董事长和总经理，大家也只能来参加。很多品质改善都不会如前一个案例那么幸运，有些甚至要坚持几个月才能找到眉目。但是每周的坚持让大家开始逐渐感受到公司管理层的决心。

经过接近一年的坚持，差不多又到了年底，客户方的品质抱怨逐渐开始减少，周六的改善会都能在上午结束，甚至有那么几个星期周六没有开改善会。在几个主要客户的供应商评估中，也都至少到了及格线。工程师的感受更加明显，客户的电话会少了。虽然也很忙，但是没有客户的"夺命连环call"，也就没有那么慌乱，可以静下心来参与改善，思考怎么从前端开始预防问题的发生。

4. 品质先行

回顾一下精益的本源丰田生产方式——图3-1中的丰田屋。

JIDOKA是两个支柱中的一个，足可见丰田对质量的重视。对于JIDOKA的翻译，直译为自动化或自働化固然精确，但是在中文表述上很容易让人联想到机械自动化，就算稍有理解，也只是认为这是防错的概念，比如"三不"原则[一]。笔者认为翻译最为准确的应该是通用汽车在GMS（Global Manufacturing System）里面的翻译：内建质量（Built In Quality）[二]，意指要在制程内部建立稳定可靠的质量系统。

通用汽车一直在学习丰田，在丰田和通用的合资厂NUMMI中，丰田毫无保留地将TPS应用到合资厂。其GMS方法在某些程度上也是从TPS中学习和汲取而来的。通用汽车将JIDOKA理解透彻之后，把内建质量作为GMS的五大模块之一，足可见质量对于整个制造系统的重要性。

很多读者应该都去过西贝莜面村吃饭，但是应该很少人注意过西贝的门店里面显眼位置有一个红冰箱。西贝创始人贾国龙先生在精益企业中国举办的全球峰会上分享了他学习约翰·舒克（John Shook）[三]和弗雷迪·伯乐（Freddy Balle）[四]两位专家所创方法的体会，有两点让他印象深刻：一个是安灯机制，通过对问题

[一] "三不"原则：不接受不良品，不制造不良品，不流出不良品。
[二] 笔者第一次见是在通用汽车的GMS文档，但不确认是不是就是这个翻译的来源。
[三] 精益企业研究所总裁，畅销书《学习观察》和《学习型管理》作者。
[四] 《金矿》系列小说作者，佛吉亚集团前执行副总裁，佛吉亚卓越系统的主要缔造者。

的快速暴露，立刻引起管理层的注意，为现场提供快速支持，以此分析和解决问题，让现场恢复正常；另一个是红盒子机制，通过将不良品放在红盒子里，将质量问题暴露出来，引起管理者的注意。之后贾国龙先生回到西贝，在一次内部沟通会上，他正式提出要试试红冰箱反馈改善制度。他的表述是这样的："将顾客退还的菜品和生产的次品放在红冰箱里，将所有的问题暴露出来，等下班后再来讨论问题，找到根源，并且不能有处罚。这样就打通了退菜的闭环，形成了持续改善菜品、提升员工能力的完整循环。"

红冰箱的试点工作从那次会以后就已经在上海五角场店等8家门店推行了，并在一个月后向所有门店推广。[8]

西贝莜面村在推行精益的过程中，始终把食品安全和质量作为最重要的底线。

捷安特在2006年提出中国GPS（Giant Production System，捷安特生产系统）推广的五年计划，如图3-2所示。

捷安特在组建变革团队之后，将4S和可视化放在第一优先的位置，用整整一年的时间来做这个看似最基本的事情。随后的就是流程系统架构，包含四大方面，其中一个就是QA⊖网络架构。捷安特总经理古荣生先生这么描述：QA网络构建即不良率的稳定化。要确保GPS的运行，一个重要的条件是对于良品的确保。[7]

⊖ QA，Quality Assurance，质量保证。

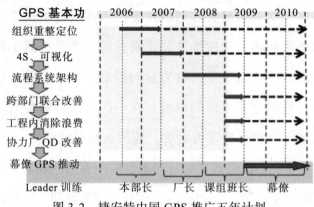

图 3-2　捷安特中国 GPS 推广五年计划

资料来源：赵克强. 精益实践在中国 [M]. 北京：机械工业出版社，2012.

杰弗瑞·莱克（Jeffrey Liker）教授在《丰田模式：精益制造的 14 项管理原则》一书中总结了 14 项原则，第 5 项是，建立"停止修补问题，第一次就保证质量"的企业文化。[9] 虽然没有放在第一位，但是对大部分国内中小企业来说，目前质量水平还在低级别的时候，如果想要通过精益变革来提升竞争力，那么首先应该看品质是否稳定，也就是捷安特总经理古荣生先生所说的——不良率的稳定化。

精益变革，品质先行。没有品质稳定，一切都是空中楼阁。

建立流动

安镁深圳经过一年的努力，品质得到显著的进步。年底的财务报表却还是狠狠地打了一下脸——继续亏损。虽然比上一年亏损比例稍微少了一些,但是依然没有扭转局面。而且品质的改善在财务报表上没有太多的体现。

年度财务回顾时,财务总监给了一份分析报告。主要集中在以下几个方面:

(1)销售收入没有显著增加。

(2)财务有记录的品质报废只有客户方的退货、扣款和超额运费。但是很多的报废其实发生在内部,没有经过表面处理的零件很多直接回炉熔炼重新用于生产。所以品质的改善没有办法在财务报表上体现出来。

(3)产能不足,延误订单很多,导致很多外发加工。今年外发加工的成本比去年还高,主要原因是不同的产品销售结构。

(4)加班费用居高不下。主要原因是CNC产能不足,除了外发,还导致加班。周末加班的费用是平时的2倍,员工的加班工资都要比基本薪水还要高了。

(5)客户流失。由于订单延误,没有办法交付更多的产品,客户把原先由安镁生产的份额都逐渐转移给竞争对手,甚至有一个在安镁的采购额排名前5的客户把所有采购量都转移到了竞争对手那里。

来自丰田的李兆华老师在现场辅导的时候,总是带着团队先去成品仓库。每次问的问题基本上是一样的:

(1)今天要发货的都是哪些?

（2）哪些已经准备好，哪些还有异常？

（3）为什么仓库里有那么多不需要发货的（客户不需要的）产品，而客户需要的（计划今天发货的）产品却没有（没货将会延误）？

从成品仓库走到车间现场，李老师的问题基本一样：为什么会生产客户不需要的产品，客户需要的却没有？

"客户两个订单都是同一个产品，这个月全都生产出来，下个月就不用再调机了。不然开机不到半个班就要停机。调机时间太长和损失太大了。"

"这个产品用的原材料是比较少用的，这个炉子最少也得熔化500公斤的料，只生产这个订单的话用的还不到100公斤。剩下的还得将合料⊖倒出来，费人费力。"

"这个设备正好空置，有客户订单来了，所以可以开机做出来。若不然下个月机器就不一定有空了。"

李老师总是耐心听大家的回答，然后说："你们说的都是事实，但我们要做的事情是'只生产客户需要的'。刚才说的这些都是我们需要去克服的困难。要想做到只生产客户需要的，只有一条路——流动。从压铸开始，到CNC，到后加工，到表面处理，让产品流动起来，客户需要的时候就开始生产，很快变成成品交给客户。"

⊖ 合料，车间俗语。用剩的合金液体是不能在炉子里直接凝固的，否则下次再加热，热胀冷缩，炉子会开裂。炉子不用的时候需要将合金液体倒出来放到特制的小模具中冷却凝固。之后脱模保存，下次要用的时候再熔化。将合金液体倒出来凝固，再保存，就称为将合料倒出来保存。

这个时候大家更是觉得匪夷所思，压铸只要几十秒，CNC要几分钟，这根本不是一个数量级的时间，怎么实现流动？还有后加工，很多工艺设备都分布在不同的地方。

李老师没有正面回答大家的疑问，而是问："大家还记得精益思想里面是怎么说的吗？价值；价值流；流动；不能流动的时候拉动。什么是拉动？客户需求就是拉动。就大家最关心的压铸和CNC来说，两者由于工艺特点，造成周期时间相差太大不能实现流动。这个时候我们要考虑拉动，压铸的客户是CNC，CNC要的时候才开始做。你看这一批产品，CNC要下周才开始调机，为什么现在就要生产呢？应该今天要安排CNC，压铸的周期时间比CNC短，那么应该是今天才能开始压铸。至于如何实现，是大家要去努力的。"

"我了解目前有个困难是CNC产能不足，而这个时候更要坚持只生产客户需要的产品。因为你生产客户不需要的产品，就占用了本来就紧张的资源。客户需要的就更加生产不出来。如此进入恶性循环，造成大量的外发加工和周末加班。"

李老师建议大家找一个最有代表性的产品，一起画一个价值流图来看看，要想实现流动和拉动，只生产客户需要的产品，需要克服哪些困难。

对啊，怎么只关注品质了，却忘了最基本的价值流图？

团队很快就选定了一个典型的产品，绘制出了现状价值流图（见图3-3）。

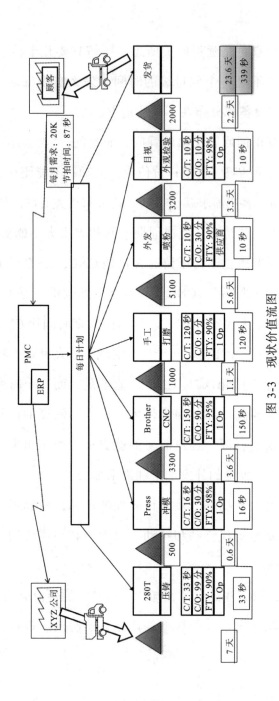

图 3-3 现状价值流图

注：C/T 为周期时间；C/O 为换模时间；FTY 为一次通过率。

很显然，这个产品的增值加工时间只有339秒，但是整个生产交付时间却长达23.6天。要想实现李老师说的状态，只生产客户所需要的，中间有以下几个大的障碍。

（1）压铸换模时间，90分钟。

- 压铸的模具切换不仅是模具的装卸，还包括模具上油管或水管的拆装、对应不同压射直径更换不同的设备套件、模具预热，甚至原材料的更换、新产品的调机等。

- 之前进行过压铸快速换模的改善，大家认为差不多一个半小时已经很好了。但是因为超过一个小时的换模，生产人员还是会合并订单，提前生产客户并不需要的产品。对于这一点，我们需要进一步改善。

（2）CNC换模时间，90分钟。

- CNC的换模时间是更大的挑战，这个90分钟还只包括更换夹具、调整夹具坐标、装刀、对刀、试生产、CMM尺寸检测、调整的时间。有时候换班出现在夜班的时候，CNC技术员和CMM技术员没在班，换模用去8个小时也时有发生。

（3）CNC周期时间，150秒。

- 这个产品的节拍是87秒，CNC的周期时间是150秒，压铸的周期时间是 33 秒。明显 CNC 产能不足，只有增加一台 CNC 才能满足客户要求。但是目前 CNC 产能已是瓶颈，根据现有设备没有办法再腾出一台 CNC。

- 外发和周末加班的话会进一步增加成本。
- 在现有亏损状态下，总部批准 CNC 之类的重大设备投资的可能性基本为零。

（4）打磨周期时间，120 秒。

- 这是一个高外观要求的产品，压铸的初始表面质量达不到喷粉的要求，需要手工打磨。其周期时间也长于节拍时间，是一个瓶颈工序。外观打磨对操作工的要求比较高，训练一个合格打磨操作工的投入时间都在 6 个月以上。

（5）建立压铸和冲模⊖的连续流。

- 冲模周期时间一般比压铸短，一名压铸工要实现连续流，要做到压铸机可以自动取件喷雾。

（6）CNC 和打磨的续流。

- CNC 之后，除了打磨，还有清洗、烘干。目前由于工艺设备

⊖ 冲模：车间俗称，压铸产品水口冲切模。压铸产品和注塑类似，模具成型过程中除了产品本身，还会有必要的水口（流道）和渣包，因此需要用冲切模具将水口和渣包去除，以获得产品本身。

专业化，都分布在不同的地方，产品在不同地方转移会影响连续流。

面对着六大障碍，也只能逐个攻破。于是六个项目改善小组同时进行。经过一年的品质改善，团队已经逐渐掌握改善的方法并形成了良好的改善氛围。

（1）压铸快速换模。

- 这是一个老生常谈的话题，关于快速换模，最基本的方法论就是现场观察，区分内部换模和外部换模[⊖]，将内部换模转换为外部换模，再进一步缩短内部换模时间。
- 对很多企业来说，这是"说起来容易，做起来难"的事情，因为任何一个内部换模转变为外部换模，可能都要付出数周甚至数月的努力。这通常需要在工程上花费大量的力气去修改和改进。比如在压铸机换模过程中就会涉及模具准备、模具装夹系统（比如标准装夹高度设定）、液压夹紧装置的应用、油管水管切换、换料系统、设备套件成套更换、设备参数标准化、热模，等等。缩短压铸机换模时间就要对所有步骤改

⊖ 内部换模和外部换模，是快速换模 SMED（Single Minutes Exchange of Die）的术语，SMED 是指在单位分钟的时间内完成模具的切换。内部换模指的是这个操作必须在设备停止状态下进行换模；外部换模是指可以在设备运行时同时准备，尽可能将工作转变为外部换模，就可以最大可能在设备运行时做准备，以缩短设备停机时间，也就是换模时间。F1 赛车在比赛过程中的轮胎更换就是 SMED 的典范。

进和优化。

- 而所有这些都需要团队坚持不懈，一分钟一分钟地去努力缩减。改善同时让一线操作员工参与进来，快速换模的改善才能落到实处。

（2）CNC快速换模。

- CNC快速换模和压铸的理论基本是一样的。在改善的过程中，团队通过观察分析，发现几个主要改善点：人员排班（原先晚班没有CNC和CMM技术员值班）；夹具坐标定位；刀具准备和预调；CMM检测（原先存在延误，结果没有及时通知生产）。针对这些问题，同样需要大家一起去钻研、尝试、失败再尝试。

- 夹具坐标定位的问题，尝试了很多种方法，最后才确定一个方案：在每一个夹具底座上加工两个定位精孔，同时在设备上增加一个同样位置尺寸的通用夹紧装置。这样不同的夹具每次在设备上的坐标都是一致的，夹具装上去即可实现坐标的重复定位。经过不断地尝试和改进，重复定位精度可以达到0.01毫米，完全满足定位的要求。

- CMM检测的延误，调机件借鉴医院急诊绿色通道的概念。如果是调机件，就要有明确的标识。将其调为全流程最高优先级，迅速流动。检测结果出来，如果是合格的，就不需要打印报告，只需在检测室窗户上挂上合格标示"OK"（见图 3-4）。车间一眼就能看到检测合格可以开机，不再需要等检测报告打印出来送到现场才能确认。

图 3-4　检测室检测结果可视化标示

（3）CNC 周期时间改善。

这是一个更加关键的改善点，也是更加难啃的硬骨头。对于关键瓶颈工序，没有新的设备投资预算，只能从现有流程去改善。团队回到 CNC 工序本身，逐步分析每一步加工，遵循最基本的 ECRS⊖ 原则，找到以下几个关键改善点可以实现周期时间从 150

⊖　ECRS，工业工程改善方法，包括取消（Eliminate）、合并（Combine）、重排（Rearrange）、简化（Simplify）。对于每一个动作或者操作，都首先思考能不能取消，如果不能的话思考能不能合并，再不能的话思考能不能重新排序，若不能最后才思考能不能简化。

秒降低到80秒：

- 对于一部分CNC的钻孔工序，通过在压铸模具上改善，使孔在压铸时直接成型，因此取消在CNC时钻这些孔。
- 对于攻牙[⊖]工序，在CNC旁边用多头钻（见图3-5）攻牙的方式取代CNC攻牙。
- 对于一些粗铣削加工工序，开发小型化的数控加工设备来替代CNC。

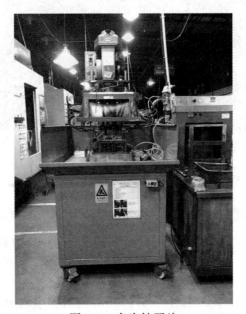

图3-5　多头钻照片

注：如图所示，在主轴上分出数根轴通过万向节连接，每根轴都可以实现钻孔或者攻牙，可以实现多轴同时加工，提高生产效率。

⊖ 攻牙，指的是用工具在金属表面或内部车出螺纹。

这里有一个很有趣的故事，针对有部分螺纹孔的钻孔攻牙，有同事提出要在模具上直接成型孔，然后用多头钻攻牙替代 CNC。这个时候有老员工告诉我们，开始的时候模具也是这么设计的，孔在压铸时直接成型，然后用多头钻攻牙。后来因为出了一次品质事故，大家分析的结果是多头钻攻牙不稳定，要用 CNC 钻孔攻牙，于是成了现在的样子。

也就是我们之前提到的，遇到问题，并没有分析到根本原因，而是绕开问题，选择了一个最容易的解决办法——上 CNC。但也是最昂贵的，购买一台 CNC 的投资可以购买大约 15 台多头钻。

后来开始尝试模具成型孔，在多头钻上攻牙的试验时，确实遇到了不稳定的问题。但这次没有绕开问题，而是去找真正的原因，例如：①压铸孔位置虽然在公差范围之内，但是多头钻的刀具位置是按照理论设计的 3D 位置尺寸，并没有按照实际尺寸。造成丝锥位置和孔位置偏差，就容易形成不良品。②对于盲孔⊖攻牙选用切削丝锥⊜，残留的铝屑没有清理干净造成不良品。③压铸底孔的直径尺寸超差等。

⊖ 盲孔：指不通的孔，也就是一端不通的孔，相对于可以穿过的通孔而言。
⊜ 丝锥也叫丝攻，一种用于加工内螺纹的通用加工刀具。

找到根本原因,对策就非常容易了:①按照产品实测位置度来调整多头钻的丝锥位置度;②对于盲孔,选用合适的挤压丝锥;③调整模具的镶针尺寸,把底孔直径大小控制在丝锥厂商推荐的公差范围之内。

用事实证明,不要绕开问题,找到根本原因,模具成型孔之后直接攻牙也是可以实现稳定的品质和高效率的生产的。

(4)取消打磨改善。

打磨是 CNC 之外的另一个瓶颈,而且没有办法简单地增加人员。和 CNC 周期时间的改善类似,回到打磨本身,依据 ECRS 的原则思考问题:为什么要打磨?能不能用其他工序代替?有没有更高效的工具?找到如下几个关键的改善点,将打磨周期时间从 120 秒缩减到 60 秒。

- 打磨前需要手工去除批锋[一],通过改善模具和压铸工序,减少压铸件的批锋。
- 在打磨前用抛丸工序去除大部分的批锋或毛刺。
- 选用合适粗细的砂纸做粗磨,然后用另一张砂纸精磨。

[一] 批锋,也就是毛刺,金属工件边缘或某些部位因某种原因出现的不光、不平的部分。

（5）建立压铸连续流。

- 在压铸之后的冲模工序，周期时间是小于压铸的。目前没有实现连续流的主要原因是需要人工喷雾（脱模剂），而设备本身是有自动喷雾功能的，没有用起来的原因在于自动喷雾一直没调试好，总是会出现粘模⊖的现象。压铸工为了避免粘模，就干脆自己手动喷雾。因此只要解决自动喷雾的问题就能实现压铸冲模的连续流，还能节省一个手动喷雾操作工。这又是一个绕开问题寻找简单解决办法的典型例子。
- 回到喷雾本身，喷雾导致粘模的关键点无非几个：脱模剂浓度、喷雾时间、喷雾角度、模具表面光洁度等。团队逐个分析排除，实现了自动喷雾，建立了压铸之后的连续流。

（6）建立CNC连续流。

- 在缩短CNC周期时间的时候，在CNC外围增加了几个小设备——多头钻和小数控加工机。这个时候自然就会想到将研磨、清洗、烘干也变成小设备工序在CNC周围建立一个连续流单元。
- CNC加工中心是自动加工的，员工只要装卸零件即可，中间有80秒的时间，足够完成剩下几个工序。

⊖ 粘模是指在铸造过程中，零件在脱模的过程中有部分合金材料粘在模具上，造成难以清理，或者不良品。

- 团队和设备供应商一起研发了小型的研磨机、清洗机和烘干机，并在所有小设备下面装上轮子，需要的时候不需要叉车，把设备推过来插电即用，用完推回备用区（如图 3-5 所示，小型化设备都装有带锁定功能的轮子，不用叉车，一个人随时就可以移动）。

经过大半年的努力，团队建立了柔性的压铸和 CNC 连续流，同时解决了 CNC 和打磨的瓶颈产能问题，这个时候压铸和 CNC 之间周期时间不匹配的问题就自然暴露出来了。而这一点在《精益思想》里面就已经有了标准答案——拉动。要在压铸和 CNC 之间建立拉动超市。

均衡化拉动看板

安镁深圳在 2012 年的时候就开始学习芝加哥的经验，建立了价值流的组织架构，同时在董事长马修先生的带领和推动下，建立了均衡看板（Heijunka Board）来排产。[一]样子建立起来了，但是马修先生每次去现场走动，走到均衡看板面前，都会发现墙上

[一] 由于本书并不是来详述如何建立均衡化看板的，具体关于均衡化看板的理论请参见：Smalley A. Creating Level Pull [M]. Boston: Lean Enterprise Institute, 2004.

的看板和现场实际没几个能对得上。按理说这个拉动排产的道理并不难懂，而且马修先生亲自带着团队做改善，手把手带着团队建立起这个系统，还写了详细的指导书。

均衡看板成了老板（董事长马修先生）的看板，每次他要到中国来，大家紧紧张张地准备看板上的卡片，仔细核对是不是对得上。老板一走，大家都松了一口气，终于不用再多倒腾一次这个看板了。虽然公司不让用系统里面的MRP来排产，但是群众的智慧是无穷的。负责生产排程的同事有一个类似MRP的Excel表格来计划和安排生产，文件在公司服务器上，大家都可以打开查看，生产主管每天会打印出来放在随身的A4夹板上，以此来管理和安排生产。

虽然马修先生每次来，看到辛辛苦苦建立起来的均衡看板没有得到很好的应用都很生气，对于不一致的订单卡片，也都问了很多次同样的问题："为什么？"但得到的答案往往类似：

（1）客户的需求变化太快了，一会儿要提前交货，一会儿要推迟交货。

（2）客户要求的数量每次都不一样，造成尾数的存在，卡片怎么也对不上。

（3）生产总是有各种突发事件，不得不临时换别的产品，来不及更新看板上的卡片。

（4）托盘上的数量总是不准，又不可能每天都去盘点。

（5）计划变更了没有通知我们生产，我们只能按照原来的计划来做。

（6）这个机器做不了这个产品，模具装不上去，只能在另外的机器上安排生产。

……

马修先生有一次偶然发现了生产主管手上的排产表，问，这个是什么？主管只能如实告诉马修先生，这个是实际的生产计划，他们不是根据看板来安排生产的。换句话说："看板只是做给老板看的，其实没人在真正地用。"

马修先生后来回忆说，那时感觉就像房间里的大象[1]，大家都知道房间里有一头大象，却没人愿意说出来。在第二天的早会上，马修先生在所有人面前把生产主管手上的那张计划排产表点火烧了，同时很严肃地告诉大家："我想这些已经说了无数次了。这个看板不是我发明的，是世界上最好的学者总结的，丰田和我们芝加哥工厂的实践都证明了是行之有效的，尤其对我们多品种小批量的工厂来说。实际上，基于预测的MRP排产是不适用的。就算是非常稳定的ERP系统，我们在芝加哥尝试了无数次，都以失败而告终。Excel表格的方式更不可靠，先不说运算逻辑和能力，就连简单的更改都没办法同步。假设现在有订单更改，那么现场主

---

[1] 英语中有个短语叫 elephant in the room（房间里的大象），意思是一些非常显而易见的、可是人们却一直避而不谈的问题。

管打印的表格就已经不是最新的了。事实上，昨天他手上的表格是三天前打印的。那么这就存在很容易造成排产信息错误甚至遗漏的风险。我们在深圳实践的过程中遇到了困难，不应该想着去逃避困难，甚至想着偷偷用另外一套方法来排产。所以从今天开始，不允许再使用 Excel 表格来排产，有且只能有一个计划系统，就是我们的均衡看板。会有很多的困难，但是这些困难是我们需要去努力克服的，而不是我们不去做的借口。"

但是面临的困难并没有因为老板一把火烧掉了排产表就随风而去。往后的几个月，团队几乎陷入了泥潭。每天10点的站立早会，都会花差不多一个小时讨论更新生产计划和看板。然后还是会有很多对不上，第二天依旧。不过大家没有再退回到原来的状态，虽然这很烦琐，但是大家依旧坚持按照均衡化看板的要求来排产，更新看板卡片。

"牛顿的苹果"总有一天会掉落。就在品质相对稳定，建立起压铸和 CNC 的连续流之后，大家忽然发现每天的早会时间短了很多，有时候甚至在 15 分钟内就结束了。负责排产的小姑娘的工作也轻松了很多，每天的排产在早会的几十分钟就安排完了，而且相关人员都在，不需要花额外的时间去通知各部门：比如，模具人员准备模具、采购人员准备原材料和配件、夹具房准备夹具等。之前的时候，由于计划变化太快，这些沟通经常出现不同步的现象。

均衡看板就好像是工厂的神经中枢，确定了生产计划，其他部门都根据看板上可视化的信息进行相关准备工作。不再需要费时费力去沟通协调，甚至争吵。

系统还是同一个系统，但是为什么现在就能起作用，之前就不行呢？马修先生的那一把火的确是点睛之笔，同时他从董事长层面坚持推进，不容大家逃避问题，经过团队数月的坚持才实现真正的转变，但这看起来也未免太容易了些。

马修先生也一直在思考这中间的关键因素。对比前后的早会，过去大家花一个小时甚至更多的时间讨论生产排产和更改，现在只需要15分钟。这中间最大的区别是什么呢？

"生产异常和客户延误少了。"之前负责排产的小娜告诉马修先生，"之前生产的品质、夹具、模具异常太多，造成总是临时更改计划。客户订单延误也是一个大问题。客户订单一旦延误，就会有不断的电话会议，总经理也会来安排十万火急的插单。造成更多的计划更改，然后有更多的延误。如此就会恶性循环。现在这些异常和延误少了很多，这样就没那么多的计划更改，排产就更容易了，形成良性循环，客户延误的订单也就少了。"

原来如此，前面一年多做的品质和连续流的改善，稳定了生产系统，减少了客户延误的订单，而异常正是均衡看板的大敌。正如丰田李兆华老师所说："均衡看板只是生产计划和生产实况的可视化。它本身并不能解决问题，只是帮助你暴露问题。"

我们都是从《均衡生产》（*Creating Level Pull*）这本工具书开

始的，这本工具书提供了完整的指导，教我们一步一步地建立均衡拉动系统。初学者很容易过于关注这个工具本身，而忽视了工具的局限性或者运用前提。我仍记忆犹新的是第一次读完这本工具书时的兴奋，感觉自己掌握了一门"神功"，回想之前接触的企业，想象应该怎样去建立一个均衡拉动系统。我们很快开发了一个两天的培训课程，培训还包括了一个非常详尽的模拟工厂游戏——组装圆珠笔。扎实的理论、寓教于乐的模拟游戏让这个培训广受好评。但是，在那之后的很多年，我们却几乎没有见到一个学员成功建立均衡拉动系统。而对于安镁深圳，即使芝加哥工厂已经有成功经验可供借鉴，它也历经数次波折，均衡拉动系统才刚开始成形。

并不是说这个工具本身不好，而是我们过于关注这个工具本身，而忽视了其他的基本要素，或者没有从系统的角度去审视这个工具。正如本章最开始所讨论的，品质是精益的基础，如果没有稳定的品质，也就无所谓精益。而品质也是沃麦克博士在《精益思想》中提出的精益五大原则里第一个原则——价值的最重要的组成部分。大家都记得建立拉动，但是在拉动这个原则前面是建立流动，如果不能流动，再怎么拉动也没有意义。

精益实施的过程中，拉动往往比流动容易，人们本能地会先选择复制丰田的看板系统，建立拉动。而且建立一个可视化的拉动系统很快，就如安镁深圳一样，直接复制芝加哥的系统就是了。

但是要真正发挥拉动应有的作用，更困难的是建立稳定的品质系统和流动。只有在品质和流动的基础上，均衡拉动才能真正为你所用，发挥最大的作用。否则，均衡拉动看板就会成为展示的道具或者某些领导的玩具。

> 如果你手里只有一把锤子，那你看什么都是钉子。
> ——亚伯拉罕·马斯洛（Abraham Maslow）

可能很多读者都听说过精益业界有所谓的几个派系的说法，日系（如来自丰田的老师、新技术咨询等）注重现场，很少详细解释为什么；美系遵循沃麦克博士当年研究总结的框架，从价值流图开始，有详尽的培训和实施路径；国学系会结合国学或者王阳明的心学来阐述，总结一套自己的方法和路径。这里没有孰优孰劣，每个企业和组织都面临自己独特的困难，都会有一套合适的方法。不管白猫黑猫，能抓老鼠才是好猫。这句话大家耳熟能详，但是很多人的关注点都落在你是白猫还是黑猫，实际上更重要的是怎么抓到老鼠。

实施精益不能脱离业务（抓老鼠），如果你的企业正在亏损，不要把精力花在鉴别这只猫是白色还是黑色上，而是要去思考：企业为什么亏损？有什么合适的精益工具、理论或者团队能解决这个问题？安镁深圳的止损三部曲或许可以给你一个参考：品质、流动、拉动。

第 4 章

精益财务

10多年前，一家跨国企业从总部开始在全球全面实施精益转型，包括一家在中国的工厂。其中一个很重要的改善项目就是大型立式车床（回转直径超过10米的重型加工设备）和五轴落地镗铣床的快速换模。这两个设备都是瓶颈设备，换模时间超过10个小时，已经严重影响了产能和生产进度。经过一系列的现场观察和分析，区分了内部换模和外部换模，并对内换模的操作都进行了进一步分析，看能不能转为外部换模。其中一个重要的观察就是在换模的过程中，员工总是发现缺少相应的工艺装备（简称工装），比如特定长度的螺栓、压板和千斤顶等，需要到别的机器周围去寻找。几乎每天都在发生，平均每次会花费差不多1个小时。经过讨论之后，大家一致同意需要给每一台设备准备一套所需要的所有工装，这样在换模的时候就可以节省寻找工装的时间，1个小时是非常大的改进。

于是，团队对每一台设备所加工的零件类型进行分析，整理出了可能用到的工装列表，同时请采购部门找供应商报价，拿到了相应的价格。但是把十几台核心设备需要的工装加在一起的时候，团队每个人着实吓了一跳，这需要近百万元的投资。团队在讨论之后，重新对所有工装进行了使用频率分析，高频率使用的可以在设备旁边准备一套，其他低频率的不需要全部都备，可以几台共用，放在中间的位置。重新整理完之后，总的投资金额降低到 30 万元。

大家满怀期待提交了采购申请单，却被财务退了回来。理由很充分：首先，这 30 万元没有在年初的投资预算里面。其次，设备小时费率是 1000 元，每年换模次数也不到 100 次，就算每次节省 1 个小时，每年的直接节省才 10 万元。就算所有假设都是正确的，需要三年才能收回投资。而这些工装一般的使用年限也就是三年。

团队陷入了困惑，快速换模不仅能节省直接费用，还能降低库存，提高产能，增加生产柔性，还有很多潜在的收益。团队找到负责精益的副总裁，汇报了这个进展。副总裁表示，虽然公司层面全力支持精益转型，但是管理层也一定会参考财务的建议。副总裁建议精益团队准备一份更加完整的报告，除了直接节省，还要包括降低的库存金额和其他潜在的"软收益"，然后再跟财务一起来讨论。

讨论会上，财务的意见依然很明确，库存节省的金额很难变现，因为原材料比较特殊，订购周期很长，订单很早就下了，就算让供应商不用送货也不能推迟付款。其他"软收益"都还只是假设。目前库存也都是客户有订单的，不存在呆滞的问题。公司也收了客户的预付款,并没有现金流的问题。为了减少这一点账面库存,花费 30 万元是没必要的,尤其在没有预算的情况下。

首席财务官也客观地表达了她的意见:"不是我反对精益,我也经过精益的培训,知道也认可库存是浪费之首,应该尽可能地降低库存。而快速换模是其中很重要的改善,通过快速换模能实现降低库存,提高效率。但是我们也有自己的职责,投资都要经过预算和分析,目前的数据分析不足以支持财务去批准这项投资。建议可以做到明年的预算计划里面去,作为精益改善的投资。"

确实,这里谁都没有错。快速换模,降低库存对于精益团队来讲就像是一种本能,很多时候都不需要经过思考。财务根据数据计算投资回报,并据此来管理投资也是他们的本职工作。就算总部坚定要推行精益变革,同时有副总裁的支持,也需要遵循财务流程,否则企业会陷入极大的财务风险。

很多企业的精益团队都是在运营团队下面,平常除了报销,很少会接触到财务的同事。一般精益的经理或者是工程师又不属于核心管理层,不会参与公司战略和预算制定的讨论。那么在推进精益变革的时候必然会遇到跟上面一样的故事,甚至更困难的情况。

作为推动精益变革的企业一把手或者副总,比如上面故事中的副总裁,也必须遵守财务流程,不能简单命令财务应该怎么做。不仅如此,还可能会遇到和财务部门的很多分歧和矛盾。比如最典型的问题有：

- 如何在财报中体现库存是浪费？传统财务中，库存在资产负债表里面归属资产一类。不管是在制品还是成品，都摊销了制造成本。对于同样的设备，生产的产品越多，制造成本就越低。
- 财务如何为精益改善提供支持？大部分时候，精益改善和运营团队并不是财务方面的专家，要提供完整的财务数据和分析来支持改善是有困难的。就像上面的故事中，那个精益团队是第三方专业顾问，才能提供相对专业的数据和报告给财务。对国内大部分中小企业而言，没有专业的精益团队，要说服财务（有时候还是老板娘）会难上加难。
- 财务的大门朝哪（谁）开？传统财务的职能是管理和控制，就像衙门。其他部门有需要的话要按照财务流程来请求批准。财务根据流程批准或者拒绝。运营部门不了解财务，财务部门不了解运营。部门间的壁垒就如财务办公室的保险箱一样稳固。

安镁深圳这些年也遇到同样的挑战，我们来看一下他们都有哪些经验与教训可以参考和借鉴。

基于价值流图的成本分析

根据前面的介绍,安镁深圳也是一家传统的制造企业,和其他中小企业在大的方面基本一致(见图 4-1)。

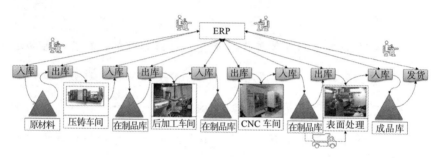

图 4-1 安镁深圳主要工艺流程

安镁的主要工艺流程是:原材料—压铸—后加工—CNC—表面处理。主要工序之间都有一个仓库。为了财务核算的方便,在 ERP 系统里面每经过一道工序,都需要进行入库、出库操作。

每个车间有自己的关键绩效指标(KPI),成本是其中最重要的一部分。在现有的财务核算下,库存会摊销当月发生的成本,包括间接费用、固定费用(管理人员工资)和固定资产(厂房、核心设备折旧等)。这就会使产品生产得越多,财报越好看。由此带来的后果是车间现场库存居高不下,每次改善会议上对库存进行分析的时候,经理们都信心满满地说:"这个库存是有客户订单的,已经控制得很好了,没有过量生产,放心吧,不会产生呆滞库存的。"

"完美的"ERP系统要求，每个工序都要入库和出库，同时出库时要打印出库单，凭单领料。经常会有紧急订单，只能先把料领了，签个借料的条子，先生产，之后再来补出库手续。但是总有忘记或者录入错误的时候，财务每个月盘点的时候，几乎没有账实相符的。更让人头疼的是，所有这些单据都需要仓库文员来录入，为此需要设置两个文员负责单据录入。

这个时候其实财务也很无奈，及时准确地核算实际发生的成本是财务的职能，这样核算也完全符合会计准则。财务也告诉过大家，财务上还有一个库存周转率的指标来衡量库存的表现。但是成本和库存周转率终归还存在分歧和矛盾。

马修先生在前期就要求财务团队参与价值流图的绘制，开始的时候财务也不理解为什么要深入如此细节的运营分析，直到绘制了数十张价值流图之后，好像忽然明白了两者之间的关系。

财务在一次价值流分析中和团队一起绘制现状价值流图，在对每一个工序掐秒表测周期时间的时候想到一个问题：有了周期时间、报废率和换模时间这些数据，是不是就可以比较准确地计算这个产品的实际生产成本？然后就可以知道这个产品是否亏本，亏本的话亏在哪里。于是财务团队拿着现状价值流图的数据做了一个成本分析（见表4-1）。根据周期时间、报废率、换模时间等，计算出直接成本[注]，但没有包括固定费用、销售费用和管理费用。

表 4-1 基于价值流的直接成本分析

工序	周期时间（秒）	直接成本（不包括固定费用、销售费用、管理费用）（元）
原材料	—	3.16
压铸	33	2.94
冲模	16	0.38
CNC	150	3.89
打磨	120	1.78
喷涂	10	9.1
检验	10	0.27
合计		21.52

在这个基础上，对前面几年的财务数据进行分析后，结合当前产品售价，给出了以下的利润分析（见表4-2）。除去直接成本之后，称之为贡献毛利（Contribution Margin），由于压铸和机加工属于重资产行业，安镁深圳财务估计毛利率的盈亏点为30%。如果低于这个毛利率，大概率是亏本的。

表 4-2 基于价值流分析的利润分析

项目	数额（元）	备注
售价	28.08	
直接成本	21.52	不包括固定费用、管理费用和销售费用
贡献毛利	6.56	23.4%（四舍五入）
固定费用、管理费用、销售费用	8.42	重资产行业，约 30%（四舍五入）
利润	-1.86	亏损 6.6%（四舍五入）

[注] 财务数据经过一定的等比例处理，不反映实际成本数据。

由于在一定条件下，固定费用、管理费用、销售费用都不能够短期降低。要想扭亏为盈，需要关注直接成本（见表4-1）。这里包括几个关键影响因素：周期时间、报废率、换模时间。

故事回到前面的止损三部曲——品质、流动、拉动。改善途径有稳定品质、降低报废率、建立流动、降低周期时间、缩短换模时间等，经过一年多的努力，阶段性地实现了未来状态价值流图（见图4-2）。

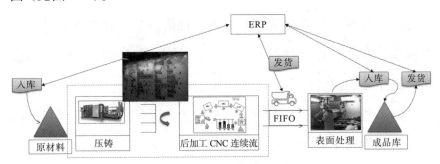

图 4-2　未来状态价值流图

这个时候，财务给出了之前同样的分析（见表4-3和表4-4）。

表 4-3　基于价值流图的成本分析

工序	周期时间（改善前）（秒）	周期时间（改善后）（秒）	直接成本（元）
原材料	—	—	3.16
压铸	33	33	2.94
冲模	16	16	0.38
CNC	150	80	2.07
打磨	120	60	0.89
喷涂	10	10	9.1
检验	10	10	0.27
合计			18.81

表 4-4　基于价值流的利润分析

项目	数额（元）	备注
售价	28.08	
直接成本	18.81	不包括固定费用、管理费用和销售费用
贡献毛利	9.27	33%（四舍五入）
固定费用、管理费用、销售费用	8.42	重资产行业，约30%（四舍五入）
利润	0.85	盈利3%（四舍五入）

以上的分析清楚地展示了精益实践是如何实现扭亏为盈的，但这只是针对这一个产品。随着进行价值流分析和改善的产品越来越多，在公司总的财报上也开始能看到类似的趋势，体现出整体的扭亏为盈。

随着连续流和拉动的建立，ERP系统出现了一个新的问题。产品周转太快了，中间的在制品仓库完全来不及出库、入库。既然如此，为何不取消这些仓库？只留下原材料仓库和成品仓库，这样就省下了数次的出库、入库操作。

但是这样操作的话中间在制品的盘点如何进行？因为处于很多不同的状态，中间的成本如何计算？

马修先生随口问了一个问题："为什么不当作原材料计算，称重就好了？"这样盘点也会简单很多，也不需要去区分在制品不同的状态，也不用去摊销成本了。这个时候感觉"牛顿的苹果又要掉下来了"——最关键的是，这样计算在制品的资产价值，生产的库存超过一定量之后，耗费的直接人工、水电等都不能摊销到在制品中去，结果会是生产得越多，财报越难看。这就有了库存在财报中是资产，但在精益中却被认为是最大的浪费之间的矛盾。

审计在这个时候提出了不同的看法，认为这样会造成成本核算不准确。财务总监这个时候回复说："其实没有关系，有两个方面的原因。第一，我们的成本都是以同样的标准核算的，前后有很好的可比性。第二，建立了流动之后，目前现场的在制品非常少，不会超过3天的库存。这样即使有一点儿差异，也无足轻重。"

而这样核算的基础依旧是：流动，让现场流动起来，在制品少到几乎可以忽略不计的时候，财报上就能反映出制造的库存越多，财报越难看——库存是浪费。

价值流组织架构

1. 价值流组织架构：痛并快乐着

约翰·舒克和迈克·鲁斯二人合著的《学习观察》能够教人如何识别价值流。《学习观察》这本工具书和后续一系列工具书的出版，为精益思想的落地奠定了基础。因为它们既有理论基础，又有简单实用的工具指导实践，精益思想才开始广泛地在各行各业传播和实践，进而又促进了学界的研究，进入一个良性循环。

舒克在《学习观察》中提出了价值流经理的概念，但只是一带而过。大家读《学习观察》的时候，注意力往往集中在如何绘制价值流图上面，学完了很兴奋就回到自己的组织中开始价值流改善。

这么多年过去，很多企业和组织在实践过程中都发现了一个很大的障碍，大部分组织的部门制组织架构和横向的价值流之间存在天然的冲突。横向的价值流横跨若干部门，但各个部门又有自己不同的考核指标，两者在大部分情况下是不一致的。各部门之间为了达成一致，在价值流改善中就会耗费大量的时间在"沟通、协调"上。这就"创造"了另外一个浪费。要么是由"昂贵"的高层管理人员花费大量时间在各部门中间斡旋，勉力为之，要么是他们疲于应付，价值流改善不了了之，"一夜回到解放前"。

业界传奇人物阿特·伯恩在畅销书《精益转型》和《精益转型行动指南》中明确指出，精益转型需要精益的组织架构——基于价值流的横向组织架构，如图4-3所示。

阿特建议进行组织架构改革，建立基于价值流而不是部门制的组织架构：生产、采购和现场工程师实线汇报给价值流经理；其他职能部门（包括人事、财务、销售和市场等）虚线汇报给价值流经理。生产部门不再存在工艺专业化的车间架构，一个价值流经理负责一个产品线，负责从订单开始到原材料到最终成品交付的全过程。这样，价值流经理就不再是一个光杆司令，而是手握重兵的戍边将领。

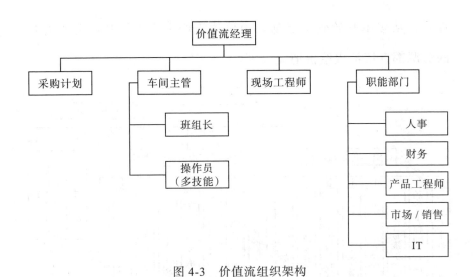

图 4-3 价值流组织架构

资料来源：Byrne A. The Lean Turnaround Action Guide [M]. New York: McGraw-Hill, 2017.

随着安镁建立连续流，打破部门之间的壁垒，压铸车间和后加工车间不复存在，这个时候自然而然就出现了横向的价值流组织架构。

公司分为两个价值流组（见图 4-4），每个价值流有自己的生产、采购、计划、品质、客服、仓库、技术员、项目工程师、设备工程师。只有财务、人事和 IT 这三个职能部门独立于价值流组，直接向总经理汇报工作。

变革总是艰难的，核心管理层的反对、员工对新岗位的不适应，甚至 ISO 流程的更改，都是极大的挑战，但是一旦步入正轨，所带来的好处也是非常明显的。价值流按客户来划分，以客户为导向，从接单开始到交货都是由价值流经理负责，基本上所需要的资源都直接汇报给价值流经理。

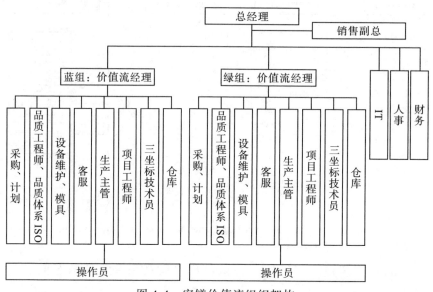

图4-4 安镁价值流组织架构

（1）客户有任何问题只需要找价值流经理就可以，对客户的需求反应非常迅速。

（2）部门之间的推诿扯皮和会议大大减少，在同样销售额的基础上，办公室人员减少30%以上，而且没有了以往的忙乱。

（3）一个价值流管自己生产需要的所有设备和工序，在组织架构上就给连续流提供了支持。加上价值流改善，在制品（包括成品）库存降低到只有同行的1/2甚至1/3。倒逼团队想办法不断改善换模时间，开发小型灵活的设备等。

相比于讲述一个成功的故事，分享在这个漫长的变革过程中所经历的失败和教训，也许更有价值。价值流导向的组织架构并不是一个放之四海皆准的万能工具，虽然可以克服实施精益过程中的很多组织障碍，但是同时也带来很多新的问题。如果对这些问题没有足够重视，在组织变革实施之前也没有计划好预案，则很可能会在遇到这些困难的时候止步不前，甚至被"顽固派"利用来攻击价值流组织架构。

（1）在变革之初，部分中高级管理人员就因为不能接受这种组织架构而选择离开。但安镁遇到的最大的困难并不是此，而是选拔和培养合格的价值流经理。在这个组织架构下，价值流经理不再是传统的生产经理或者品质经理。安镁要求精益领导以现场为中心，通过有效的日常现场走动来管理。这样会要求价值流经理从知识和经验角度掌握全流程的生产工艺及关键点、工程管理、品质控制，还要懂得订单接收、审核、排产、发货甚至收款相关的业务。财务报表分开核算之后，价值流经理还要懂财务。来安镁交流学习的同行说："你们是在培养总经理，而不是培养价值流经理。"历经差不多10年的历程，坚持内部选拔，手把手培养，从做中学，安镁才勉强渡过难关。

（2）一些技术岗位没有纵向积累。价值流组织架构形成之后，工程人员和技术人员拆分到各个价值流，价值流内部的沟通确实高效了很多。但是刚开始的时候，却忽略了技术类岗位在纵向上的积累。刚开始一两年不会很明显，因为还没有坐吃山空。随着时间的推移，技术在不断更新迭代，工程技术人员没有相关的积累，矛盾就逐渐暴露出来。比如，同样的错误在两个价值流组重复发生，一些技术难题无法攻克。

直至前两年，安镁才痛定思痛，在两种组织架构中找到一个平衡：比如工程部门，提拔一个总工程师，直接汇报给总经理，其他工程师虚线汇报给这个总工。这样既保持了价值流组的架构，同时又保证了工程技术部门群龙有首，有纵向的积累。其他类似的还包括CNC、模具、夹具、设备维护和三坐标测量等。

（3）沟通效率高了之后，非直接人员减少了很多。但是上帝总是会在打开一扇窗的同时，关上另一扇窗。这两年国家开放了二胎政策，休产假的员工不在少数。原来部门制条件下，有一个人休产假，同部门的其他同事多分担一些，熬一下就过去了。在价值流中，有些岗位只有一个人，一旦这个人离岗，就会造成紧张局面。安镁就经历了一段人事经理（整个人事部门只剩下一个人）同时在现场管品质的"奇特"状况。不过也因此，安镁收获了一个能做品质工程师的人事经理。如何给每个岗位培养一个"备份"，是价值流组织架构必须考虑的。

（4）人才上升通道减少。部门制的时候，大家至少还有一个盼头，做好了能升职当经理。但是价值流架构下，没有了部门经理，换句话说，领导岗位少了。除了升职做价值流经理，没有其他上升的通道。而且前面提过,在这个架构下对价值流经理的要求非常高,并不是每个人都适合培养成价值流经理。

建立价值流的组织架构,是组织的一次变革。不破不立,不立不破。组织的变革也是如此,找出弊端并起而诛之很容易,但是如何建立更好的组织架构却是更大的挑战。如果没有考虑好如何应对变革可能出现的风险和挑战,"回退"之后可能会更加糟糕。

2. 分价值流的财务报表

有了不同的价值流组,而且主要的直接成本都由价值流经理管理。财务这个时候提出:为何不在合并报表之外再来一个分组财务报表?这样两个组可以形成良性竞争,横向的对比也有利于发现问题。

财务有条不紊地开始了分组财务报表的准备工作。

(1)在 ERP 系统中分了三个成本中心——蓝组、绿组和公司。将不同价值流组的物料采购和费用在输入系统的时候就区分开,例如装配配件、生产辅料等。对于无法区分的采购和费用,则进入统一的公司成本。

(2)将所有的产品分为蓝组和绿组,在 ERP 系统中输入订单的时候就区分开。

(3)对于原材料,在期末直接倒冲计算耗用,按产品结构计入各组成本。

（4）能够区分的固定费用也划入相应的价值流组。

（5）对于无法区分的固定费用、间接费用，例如厂房租金、管理费用等，则按照之前一年的销售额比例分摊。

几个月之后，财务在出财务报表的时候，就有了分组财务报表。两个价值流组的组织架构和运营模式基本是一样的。那么可以有很直接的对比，哪个组的直接原材料费用过高，直接人工费用过高，生产辅材费用过高，为什么？

这样，价值流组长就相当于一个利润和成本中心的负责人，除了基本的生产统计指标，还可以从财务报表的角度去分析运营情况。

标准成本数据库

经过一年多的努力，对数百个产品进行了基于价值流的财务分析之后，财务团队将所有的基本成本数据统一汇总在 Excel 表格中，形成了标准成本数据库。对于所有新项目的产品，在小批量试产得到客户的批准之后就由工程师负责将相应的成本数据更新到数据库中。

这个数据库为财报中的标准成本提供了相对准确的参考。每个月的合并财报和分组财报中，都可以看到当月生产产品的标准成本和实际耗用。这中间的差异就是改善的机会。

如果实际成本高于标准成本，那么很自然地就会去分析产生的原因。如果实际成本低于标准成本，也可以去分析哪里做得比标准更好，有没有可以借鉴和推广的经验，同时更新标准成本数据库。同样地，如果在改善之后，成本受到正向影响，改善的输出除了更新作业标准，还要按照最新的状态更新标准成本。

有了这个及时更新而且相对准确的标准成本数据库，财务报表不仅能提供整体的运营状况，还给精益的改善提供了方向和支持。不管是盈利了还是亏损了，团队都能明白盈亏在什么地方和下一步改善的重点在哪里。

财务部门自然而然地就相比原来的管理和控制职能，更多地体现了支持精益改善的职能。

财务拉动改善

经过数百个基于价值流图的财务分析，财务团队对产品和运营的了解已经非常深刻。在这个过程中由于财务人员很多时候都是在现场和一线团队沟通，为了减少走动时间，财务做出了一个惊人的决定，将办公室从办公楼搬到了车间办公室，和大家一起在开放式的办公室办公。

开始有同事觉得财务涉及敏感的信息和票据，在开放式的环境中不合适。但是后来仔细分析，其实这也只是财务固有的想法而已。所有收支都已经是网上银行完成，几乎不用现金。对于重要的增值税票据等，也只需要在办公室存放当期的即可，于是在开放式办公区放了几个保险柜。

财务团队开始转变思维，从财务的角度去拉动各部门的改善。下面和大家分享几个小故事。

1. 一毛钱（0.1美元）的改善

铝合金压铸的生产过程第一步就是将铝合金从固体状态加热到650℃的高温，熔解成为液体状态，同时生产过程中需要保持这个温度。这自然会消耗大量的热量——也就是能源。目前行业内使用的能源主要是天然气和电。使用天然气的话前期投资会高一些，包括管道铺设、燃气泄漏检测和报警装置以及燃烧设备等。但是在后期使用过程中在热效率上天然气炉会高于电炉。

安镁深圳从环保角度和长期角度考虑，在建厂初期就投资建设了天然气熔解保温炉。在产品报价上也是按照天然气热值和熔解保温所需要的热量，加上一定程度的损耗来计算合金的熔炼成本作为依据的。

如前文所述，在对基本所有的产品建立标准成本数据库之后，财务的月度报表就能反映出实际耗用和标准成本之间的差距。财务在一次月度财务回顾中提醒管理团队，虽然这个月的燃气费用和之前的月份相比，并没有明显波动，但是根据财务的分析，燃气的实际耗用高于标准成本，应该分析一下原因，看一看是财务数据的问题还是实际耗用真的高了。

让安镁一直沾沾自喜的节能环保的燃气耗用过高，这确实给大家一个震动。在管理层的支持下，团队很快按照A3的思路组织了改善。分析原因之后团队发现，财务成本数据是对的，生产的重量也是对的，材料损耗也没有明显偏差，天然气也没有泄漏。排除这些可能出现问题的环节，也就是说，只有是用于熔解保温的设备热效率低于我们计算的效率了。

找到了方向其实就相对简单多了，于是就找来生产炉子的供应商一起分析。熔解保温炉的热效率无非关乎几个方向：燃烧是否充分，保温层是否有效，热利用率高低（燃烧后排出废气的温度高低）等。

供应商也从这几个方面仔细给安镁分析了目前设备的状态和改善方向。安镁使用的炉子是十多年前的产品，那个时候大家对节能和"碳排放"并没有那么重视，所采用的多是成本较低的技术。其主要有几个地方存在问题：

（1）燃烧之后没有设计热交换系统，燃烧之后的热空气直接排放。废气出口的温度接近200℃，热量（能量）就源源不断地损失了。

（2）保温层保温性能不好，炉子外壁温度接近80℃。除了损失热量之外还有安全隐患。

（3）燃烧器也是上一代的技术，燃烧不够充分。

评估之后，供应商建议可以根据安镁的要求，利用现有成熟的节能技术一起开发节能熔解保温炉。节能效果好的话，不仅可以用在安镁，还可以推广到其他企业。

一个月之后，具备热交换技术的新一代节能保温炉上线试用。经过几个月的试用，统计出来的能耗数据让安镁团队大吃一惊。每公斤铝合金的熔炼成本降低了21%（节省0.81元/公斤，见图4-5）。

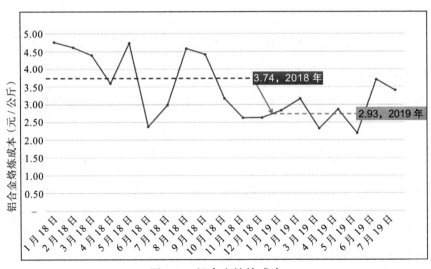

图4-5 铝合金熔炼成本

不要小看这一毛钱（0.1美元）的改善，积少成多，每年这样直接节省的能源成本就超过20万元人民币。同时还节省了能源损耗，降低了20%的"碳排放"。

2. 没人在意的包装材料

由于安镁的产品绝大部分是工业产品，并不是消费品，对包装的要求主要是功能性要求，例如对产品外观的保护、抗震动和抗跌落。而这些要求对已经成熟的工业企业来说是毫无困难的。通常的流程也比较简单：接到客户图纸，理解之后将客户对包装的要求发给专业的包装材料供应商，供应商按照图纸的要求提供解决方案和报价。安镁收到报价之后会评估方案和价格，之后将供应商的报价加到成本上，形成最终的报价再报给客户。

对于高价值的工业零件，包装材料的成本往往在总成本中占比很低，不管是安镁还是客户都不会太在意这个成本，只要能通过震动跌落测试和相关安全环保测试即可。

同样地，在一次月度财务回顾讨论中，财务提出了一个疑虑：这两个月的包装材料实际耗用和标准成本相比并没有显著差异，但是和前面几个月相比有显著上升。

有了上次熔解保温炉的案例，对于财务提出的每一个问题，团队都会仔细研究。对两个月的包装材料实际耗用进行分析后发现，包装材料成本增加的主要原因是其中一个新产品这两个月进入量产，销量上升。而且这个产品是一个高外观件，需要经过喷油之后出货。运输过程中非常容易由于震动产生的摩擦导致刮花。而且由于是出口产品，一旦刮花，就必须在海外报废，由此带来的品质损失巨大。

因此,工程团队和供应商在开发初期设计包装方案时,外部使用传统纸箱,内部使用在缓冲和摩擦方面表现出色的珍珠棉泡沫隔层(见图4-6)。这个包装方案也顺利通过了震动和跌落测试。前期样品和小批量试产的运输过程也验证了,这个包装方案不会出现因为包装和运输而产生的品质问题。客户也接受了报价。

图4-6　珍珠棉泡沫隔层

大家正想松一口气接受这个解释的时候,财务又问了一句:"我们并不是要牺牲质量,但是这个成本确实很高,有没有其他既满足要求又更经济的方案?"

确实,团队的思维方式已成定式:安镁是代加工厂,客户可以提出任何要求,安镁想办法满足,然后把成本加上去再报价给客户。只要客户接受，很少会再进一步去想更多的既满足要求又更加经济的方案。

回到这个实际产品上，一旦通过测试，客户也接受这个报价，供应商也是乐观其成，高要求高毛利的项目何乐而不为。

和供应商进一步讨论的过程中，工程团队拿着财务的疑问当令箭，对供应商提出要求，必须找到符合要求的解决方案，成本降低50%。经过数轮的尝试和试验，真的找到了一种方案——真空吸塑包装（见图4-7）。

图4-7　真空吸塑包装

真空吸塑成型只有薄薄的一层，中空成为天然的防震缓冲。材质硬度低，不会对产品产生刮痕，只要在两层产品中间加一块纸板增加强度即可，而且顺利通过了客户要求的跌落和震动测试。

相对之前的珍珠棉，每个产品成本节省了近 1 元钱。按照每个月 1 万件的需求来计算，每年在包装材料上节省的成本就超过 10 万元人民币。

3. 一个灯泡的故事

财务有一次在批复的时候发现车间要一次性采购 100 个荧光灯（见图 4-8，右边没有亮的灯，100 瓦的高亮度灯，用于车间照明），就觉得这是一个批量的思维，车间总共才有 100 个左右照明灯，100 个灯泡估计都够用大半年了。这是标准的灯具，周边一小时车程内肯定有供应商可以送货。只需要维持一定的安全库存，采用拉动的方式采购就可以显著降低这种灯泡的库存。

图 4-8　两种不同的灯泡

财务把采购和负责厂房维护的工程师召集到一起，来研究这个拉动系统应该怎么建立。

首先，确定需求。厂房维护工程师告诉大家，由于车间高温高湿，这个大功率的灯平均只能用三个月，供应商只保修一个月。

那这样的话平均每个月需要 33 个灯泡。

其次，确定送货周期。这个供应商离安镁 15 分钟车程，他们一般没有现货，通常需要 1 天调货。也就是说，我们今天下订单，两天后就可以送到。

最后，确定最低库存。按照这个送货周期，只要维持四个灯泡（一箱灯泡是四个）的库存就足够了。再简化一下，采取两箱制：维持两箱的最高库存，一箱用完了就给供应商下一箱的订单，两天后到货，这个时候还有一箱备用。

大家都对这个拉动系统很满意，既简单，又可以大大降低库存，更不用占那么大地方来存放这次采购的 25 箱灯泡。

这个时候不知道是哪个同事表示很奇怪，说："这个灯要 100 多块 1 个，还只能用 3 个月？我们是不是被供应商坑了啊？"

是啊，这么贵还只提供一个月保修？

"我们当时也询问过几个供应商，这个大功率的灯价格是要这么多，而且由于我们车间高温高湿，他们也不能延长保修时间。"采购回答道。

"那有没有其他替代办法呢？"财务又开始了不依不饶。

确实，车间要求的是照明亮度，而不是这个大功率荧光灯。可以选择不同功率或者不同的照明方式，只要符合生产所需的照明亮度就行。于是他们马上给供应商打电话。

"那你们可以用自带散热的 LED 灯（见图 4-8 左边亮着的灯），

保用一年。价格差不多，亮度一样的情况下，功率低一半。我还以为你们专门要用那种荧光灯呢！不早说，我买起来还麻烦，现在很少有人用了。"供应商回答说。

得来全不费功夫。这样不仅节省了灯泡采购成本，还节省了能源费用。计划建立的拉动系统同样可以照猫画虎，两箱制，保留一箱 4 个的安全库存即可。

这只是几个典型的财务拉动的改善，在这两年财务转变之后，拉动和主导了很多改善，包括：降低超订单生产的数量；降低进项税转出；将财务报表时间提前；降低办公室耗材库存；缩短出货到开票时间；包装材料标准化；降低库存等。

财务大门从此不再朝南开，而是朝车间开。如图 4-9 所示，这是从财务总监的座位视角拍的图片。抬头即可见车间，生产运营状况一目了然。有财务全力支持的精益变革，如虎添翼。

图 4-9　从财务总监的视角看到的景象

第 5 章

战略展开

提到战略，第一反应都是战略决策和管理。随着经济全球化和科技的发展，尤其是互联网科技的发展，大部分的中小企业都处在复杂的不确定环境中。在中美贸易摩擦的环境下，很多企业都面临很大的困境。如何制定适合企业的战略是一个极大的挑战。

企业战略管理一般而言分为三个阶段：战略制定、战略实施、战略评价和控制（见图5-1）。

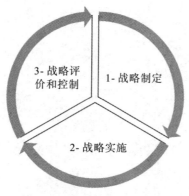

图 5-1　战略管理三大阶段

1. 战略制定

企业需要对自己所处的内外部环境进行分析，制定相应的战略。这也是最困难的一步。其中最具代表性的就是哈佛商学院的迈克尔·波特（Michael E. Porter）教授。波特在经典著作《竞争战略》中提出，企业的战略核心是竞争战略，行业内的竞争状态取决于五大竞争力，这五大竞争力决定了行业最终的盈利能力。五大竞争力，即新进入者的威胁、替代产品或服务的威胁、买方的议价能力、供应商的议价能力以及现有竞争者之间的竞争。

波特同时提出了三大通用战略可以应对五大竞争力，为企业赶超行业内的其他对手做好准备：①总成本领先战略；②差异化战略；③集中战略。

波特的主要视角在企业所处的行业，另外有一些学者把眼光放在企业内部的资源和能力。其中以艾迪思·潘罗斯（Edith Penrose）为代表的学者的研究表明，同一行业企业间存在收益率差异的根本原因在于企业的资源和能力的不同。企业应该依据资源和能力上的竞争优势来制定战略。

虽然两者看起来有一些差别，但本质上都还是分析企业外部和内部所面临的优劣势，制定适合自己的战略目标。

2. 战略实施

有了战略目标，更重要的是将高高在上的3~5年的战略目标分解到每一年，分解到各个业务层级和不同的职能。这里同样有很多不同的工具，比如大家耳熟能详的平衡计分卡等。在精益管理领域，比较常见的是阿特·伯恩在《精益转型》里面提出的

"X矩阵"，还有从丰田或者其他日系公司的实践基础上研究总结的方针展开。关于平衡计分卡，市面上的书籍可以说是汗牛充栋，在此就不再多做阐述。X矩阵和方针展开，也有很多的书籍资料可供参考，后文会以实际案例来做一些必要的补充。

3. 战略评价和控制

战略实施过程中，需要动态地对这个过程进行评价反馈和调整，也就是我们熟知的PDCA循环。在精益管理领域，最具代表性的工具是A3。关于这个工具的介绍，推荐大家阅读约翰·舒克的《学习型管理》[⊖]。A3除了应用在日常的问题解决，在战略的评价和控制阶段也是非常有效的工具。

企业所处行业不同，面临的内外部挑战也各有特点。在战略制定的阶段，企业面临的挑战可能是完全不一样的。精益并不是万能的，尤其在战略制定的领域正是弱项。但是对于战略制定、实施、评价和控制，精益恰恰提供了几个非常有效的工具供大家参考。

X 矩阵

阿特·伯恩在《精益转型》里面提出了一个工具，由于这个

⊖ 约翰·舒克. 学习型管理 [M]. 郦宏，武萌，汪小帆，译. 北京：机械工业出版社，2010.

工具的矩阵分为 4 大块，中间形成一个"X"的形状，因此该矩阵也被称为"X 矩阵"。这个工具可以在一张纸上将企业的战略目标展开为可实施的改善项目，同时将团队（可用资源）联系起来和展示出来（见图 5-2）。

					2015 UGH 集团 – 战略展开矩阵				
				日期：2016/1/15					
		○			战略收购				○
		○			新的市场开发		●	○	○
○	○	○	○		加速产品面世时间	○	○		
○	○				开发新产品平台的工作流	○			
○	○	○	○		建立精益业务系统	○	●		
缺陷数：每年降低50%	生产效率：每年提高20%	收入翻番：每3～5年	库存周转：每年大于20次	客户满意度：100%	战略目标 ╲╱ 关键战略行动 ╱╲ 团队支持	改善项目	从生产到客户建立实时的拉动系统	建立新的快速包装平台	开发南美市场堡垒	新投资注塑产能和开发新的市场
					管理层	○		⊕	○
					行政（财务、IT 和人事）		○		○
图标说明： ⊕ 负责人 ○ 高影响 / 强支持 ● 有些影响 / 中等支持 弱影响或者无影响					快速包装价值流	○	⊕		
					注塑组装价值流	○		○	
					售后价值流	○		○	
					全球研发 / 工程团队	○			
					供应链管理团队			○	
					市场团队			●	
					销售团队				
					运营支持团队	⊕		○	

图 5-2　战略展开矩阵

资料来源：Byrne A. The Lean Turnaround Action Guide [M]. New York: McGraw-Hill, 2017.

这个矩阵分为4个部分：

（1）最左侧的部分是企业的年度战略目标，是最关键的几个指标。

1）缺陷数：每年降低50%；

2）生产效率：每年提高20%；

3）收入翻番：每3~5年；

4）库存周转：每年大于20次；

5）客户满意度：100%。

这些都是制造企业最核心的指标，质量、效率、收入、库存、客户满意等。在这个案例中，都是非常有挑战性的目标。团队可能会被吓一跳，每年提高生产效率20%，同时还要降低不良50%，超过20次的库存周转。但这并不是虚构，现实就是很残酷。中小企业在现在的经济形势下，如果不能实现大跨步的进步，那么就很可能会被淘汰。

（2）在上面那一部分是为了实现这个极具挑战性的目标，要实施的关键战略行动。

1）战略收购；

2）新的市场开发；

3）加速产品面世时间；

4）开发新产品平台的工作流；

5）建立精益业务系统。

这几个战略行动是支持左侧的战略目标实现的。矩阵内的符号代表两者之间的相互关系，分为弱相关、强相关和部分相关。这样就可以看到战略指标有没有相关的行动支持，战略行动是否支持战略指标。

（3）右边是具体的改善项目。

1）从生产到客户建立实时的拉动系统；

2）建立新的快速包装平台；

3）开发南美市场堡垒；

4）新投资注塑产能和开发新的市场；

…………

右上角的矩阵同样是这些具体的改善项目和战略行动之间的相关性。确保所有战略行动都有相关的改善支持，所有的改善行动都是为了支持战略行动。

（4）下方的是相关资源和团队支持。由谁负责改善项目，谁参与改善。这样对资源的利用和负荷一目了然。

通过这几个部分的展开，公司的战略目标展开为几个可以落地的改善项目，同时确定了相关的负责人和参与人员。由此形成了战略落地到实施的闭环。

公司管理层在确定好年度的战略目标之后，可以召开核心人员的战略讨论会。对战略行动和改善项目进行充分的讨论，并听取大家的意见。达成共识之后，相关改善的负责人和团队自然就有了。在这个讨论过程中大家也对为什么这么做有了更深的理解，而不仅仅是公司的要求和指派的任务。

同时，这个一页纸的战略也很方便地向所有员工公开，让一线员工都了解公司的目标是什么和管理层在做什么。结合相关 A3 的更新，员工也可以知道管理层正在做的改善项目的进展，也是对管理层的一种监督和促进。

方针管理

还有一个大家也经常听到的词，叫方针管理或者方针展开。这种方法主要来源于丰田等日系公司的实践。将公司战略目标层层分解到各个业务部门，甚至到班组。然后通过日常管理和改善（PDCA）来实现本部门的目标，从而向上支持公司的战略目标实现。这个听起来就是关键绩效的逐级展开，和管理学课程中的目标管理很类似。

但是这两种分别来自东西方的管理方法还是有一些不同的。目标管理更关注结果，属于结果导向。而日本企业（包括丰田）的管理实践更侧重于过程，强调过程正确了，结果自然会有。而且方针管理还会着重强调一点，那就是方针管理不仅是目标的分解，还包括对策的分解。

在日本企业的实践中，方针管理不是单独的战略展开工具，而是和日常管理结合起来的。简单一点儿来说：

（1）日常管理关注如何维持目前的标准，通过标准化、可视化的方式将异常暴露出来。然后通过 PDCA 的问题解决从根本上消除异常，从而能够按照作业标准操作。

或者员工在实践过程中发现改善的机会，通过改善建议或者改善项目的方式进行 PDCA 改善，从而提高作业标准。

（2）方针管理则通过自上而下地展开战略目标，给公司所有层级设定高于目前操作标准的目标。然后各个层级通过 PDCA 实施改善，达成自己的目标，自下而上支持公司战略目标的实现（见图 5-3）。

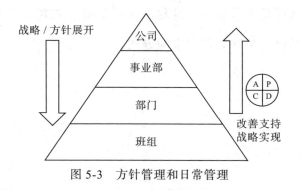

图 5-3　方针管理和日常管理

关于方针管理和日常管理的具体内容，大家可以参考丰田等日系公司的实践总结，这里不做过多的阐述。

对于这两种战略展开的方法，有人会批评"X 矩阵"并非正宗，会怀疑丰田从来没有用过方针展开这种方法。但是如前文所提到的，学习丰田并不是要复制丰田的工具和方法，因为丰田的任何一种工具和方法都有其产生的背景和当时的特定情况。如果只是复制工具和方法，回到你的企业，相关的条件和背景不一样，那么这种工具和方法就不一定适用。

在学习丰田精益的工具和方法时，应该更深入思考丰田为什么这么做？背后的原理是什么？回到战略展开，用什么工具和方法并不重要，重要的是如何将企业的战略目标展开为各个业务层级的目标，并在团队内部达成共识，同时能坚持日复一日地改善去实现这个目标。

"不管白猫黑猫，能抓老鼠就是好猫。"只是别忘了还有个重要前提，这得是一只猫——这种方法得是基于PDCA的科学方法，而不是凭经验、拍脑袋得出来的方法。

A3改善

如前文所述，战略展开是将企业的战略展开落地到每一个业务层级，业务层级通过PDCA的改善支持目标的实现。

对于A3改善，除了书上和到处触手可及的资料，笔者想再补充两点。

（1）A3 除了遵循 PDCA 这种科学的思维，还有一个很重要的是相关的人要一起到现场去，一起讨论，达成共识。没有团队工作，项目负责人闭门造车写出再漂亮的 A3 也无助于问题的解决，反而会造成"写 A3 报告"的浪费。

（2）A3 不一定是一张 A3 纸，也不一定要是电子版本。只要遵循 PDCA 的科学逻辑，任何方便展现和沟通的方式都可以。如图 5-4 和图 5-5 所示，可以是手写的白板，可以是竖着的挂纸板。

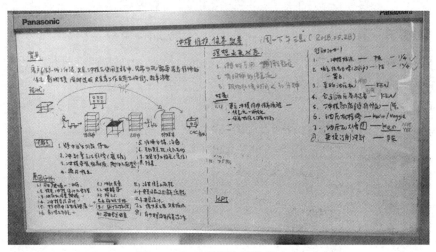

图 5-4　A3 不同展现形式（一）

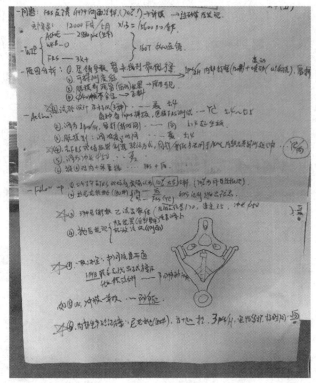

图 5-5　A3 不同展现形式（二）

实践案例

　　安镁在全球的工厂有接近 20 年的精益实践，也走过很多的弯路，在这些经验和教训的基础上，他们总结了一个安镁自己的精益战略展开和日常管理结合的体系（见图 5-6）。

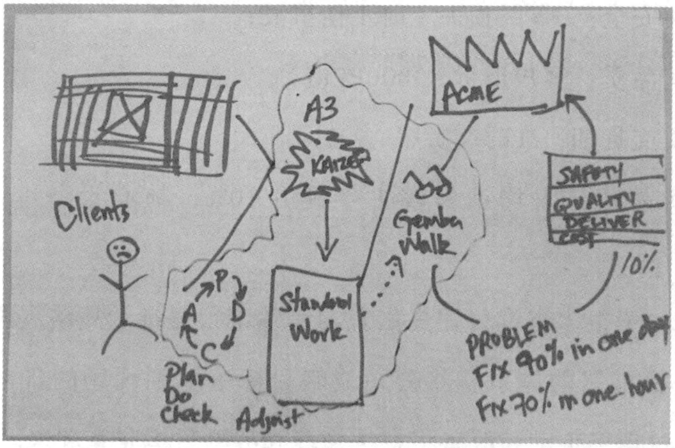

图 5-6 安镁精益战略实施体系

资料来源：马修先生手稿。

（1）公司战略来源于"X 矩阵"，其中的改善项目会以 A3 的方式来组织和实施，输出是标准化作业。

（2）改善的另外一个来源是客户投诉，如果有客户的投诉同样会开始一个 A3 改善。

（3）标准化工作就成为连接改善和日常管理的关键，管理人员会通过每日的现场走动来发现问题。对于现场的问题，实际上 90% 能够在现场、在一天之内得到解决。对于剩下的 10% 的问题，会记录在现场的 SQDC 可视化板上[⊖]。每天早上 10 点的站立会议会分析和确定相关的负责人，将这些问题逐一解决。

（4）同时，将公司的战略目标分解为 4 个核心指标：

⊖ SQDC，指的是 Safety（安全）、Quality（质量）、Delivery（交期）、Cost（成本）。

1）安全:"零"损失工时工伤事故;

2）品质:客户退货 <3000PPM⊖;

3）交货期:准时交货率 >97%;

4）效率:人均销售较去年提升10%,核心设备综合效率（OEE）>85%。

相对于很多咨询公司提出来的完整却很复杂的战略展开系统,这个一目了然的体系就将公司战略目标落地到现场的日常运营,同时通过现场走动和改善将日常管理和战略目标联系起来。

简单实用的或许更适合于中小企业,从简单的科学方法开始,再逐步地完善。

"全国质量奖"⊜案例

2018~2019年中国质量协会以"卓越引领——迈入高质量发展新时代"为主题,开展了第十八届全国质量奖评审工作,并于2019年8月14日正式公布了最终评审结果。其中,浙江省台州医院与其他16家组织一起被授予"全国质量奖",成为全国医疗行业中首家获得该荣誉的单位。⊜

⊖ Parts Per Million,一百万分之一。

⊜ 全国质量奖（China Quality Award）,由中国质量协会于2001年创办,每年评审一次,评审委员会由政府、行业、地区主管质量工作的部门负责人及有权威的质量专家组成,评审标准以卓越绩效模式标准为主,是我国质量领域的最高奖项。

⊜ 资料来源:罗伟,精益医疗总监,精益企业中国。

初识台州恩泽医疗中心是在2013年夏天。那时，我是UL精益医疗咨询团队的一员，有幸到台州恩泽医疗中心学习实践精益医疗。

2013年开始，台州恩泽医疗中心（集团）下属1家医院以及其中2个科室（部门）进行"精益医疗"试点，后续继续扩大试点范围，从1家医院扩展到3家医院，从2个科室扩展到8个科室，并深化试点内容，强化试点结果，逐步推广到当前43个科室。

医院的管理层与很多医生护士从17年前就开始接受精益六西格玛（Lean Six Sigma）方面的培训，对于DMAIC、PDCA、VSM、5S⊖等工具都比较熟悉，各个部门实施过多个改善项目，而且从十多年前就开始在所有医院内实施合理化建议体系，每年会收到几万条建议，经过评定选取部分实施，的确在解决局部性或一时性的问题时起到了作用。

然而，多年过去，当时医院内部的持续改善出现以下几大问题：

（1）组织内部各个部门之间的改善活动没有达成一致，各自向各个方向使力；

（2）没有建立持续改善的机制，来驱动持续改善的

⊖ DMAIC指的是定义、测量、分析、改进、控制；VSM指的是价值流图；5S指的是整理、整顿、清扫、清洁、素养。

行为；

（3）只由极少一部分人苦苦支撑，绝大多数人都不认为改善是自己的日常工作的一部分，不是所有人都参与到改善过程中，没有形成持续改善的文化氛围。

员工接受培训，学会各种改善工具，甚至建立了一些支持改善的系统（比如合理化建议系统），但是一旦对这项"运动"停止强有力的推行，改善活动就会烟消云散，这主要是因为只关注到改善的工具层面，缺少对文化层面的关注。

然而，中国医疗市场急剧变化，面对海量需求，各路资本摩拳擦掌，在已经激烈竞争的今天，可以预见明天的竞争只会进一步加剧。组织坚持持续改善，不断优化内部运营，才更有机会在竞争中占得先机。

在医院里，主体工作人员是医生和护士，在很多管理岗位的医生、护士，一方面是管理人员，另一方面又是本专业的技术骨干，这种身兼双重角色的身份使得他们比一般企业管理人员要忙碌得多。改善是需要投入时间精力的工作，表面上看似乎是与原本就忙碌的日常工作在争抢有限的时间，但其实不然，如果没有改进，随着患者需求的增加，日常工作只会越来越繁重，逐步降低患者满意度，进而陷入"越忙越没时间改进，越不改进越忙"的死循环,打开这一死循环的钥匙就在于思维观念的转变,只有每天抽出少部分时间进行改进,才能够优化我们的日常工作,使得工作更加高效有序,从而提升患者满意度。

医院管理团队在外部团队的帮助下,做了深入讨论之后,认识到文化是日常行为的集合,我们要关注文化,创建持续改善的文化,其实也就是在改善工具之外去关注改善行为。而这一切都与医院的领导力密切相关,与医院使用的管理系统密切相关,与管理层的行为密切相关。

基于此,医院引入了新乡模型(Shingo Model,见图5-7)卓越运营的概念,采取双向结合的方式推进,一方面建立领导行为标准化流程,建立对应的战略展开系统,另一方面推行A3解决问题的方法,打下为客户创建持续改善文化的基础。

图 5-7 新乡模型

资料来源:美国犹他州立大学新乡研究所。

医院采用共识（Align）—培养（Enable）—授权（Empower）的改善框架（见图5-8）。

图5-8 共识—培养—授权模型

共识部分：

对应新乡模型的原则，医院建立战略展开系统，从集团到医院，再到科室、一线小组，都采用同一个真北图，包含患者（顾客）、安全及质量、员工学习成长、财务四个维度，所有的工作都涵盖在这四个相同的维度之中，以此来达成共识，大家朝着共同的目标努力，力往一处使（见图5-9）。

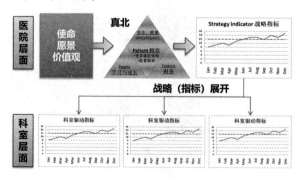

图5-9 战略展开模型

管理团队一起讨论在四个维度下面设立相对应的指标，这些指标不是以绩效考核为导向，而是以持续改善追求卓越为目的，然后将这些指标与活动进行目视化管理，进行定期的回顾会议，每个人都能在这个体系里找到自己的名字与贡献，提升大家的积极性与责任感（见图 5-10）。

图 5-10　战略墙的讨论

培养部分：

培养院长与科室主任成为教练。精益医疗推进团队帮助在整个集团内部一一建立最初在试点科室所建立的一整套体系，而且希望即使推进团队离开，医院、科室内部也要有能力依照试点科室进行自我复制。鉴于此，设计了培养医院院长和科室主任成为内部教练的机制（见图 5-11，某院长在为团队讲解）。

培养科室一线团队使用 A3 解决问题的能力。有了战略驱动，有了领导层持续改善行为的驱动，还需要帮助医院的一线团队建立起实际解决问题的能力,否则整个体系将是沙上建塔(图 5-12 所示为 A3 培训)。

图 5-11　院长在讲解战略墙

图 5-12　A3 培训

截至目前,已经有院长为团队成员独立进行了 A3 的培训,一步步担任起教练的角色。

授权部分:

授权员工参与持续改善,并调动起大家的热情,需要领导者以身作则,并以区别于权威型领导方式的精益领导方式来进行日常工作。

医院建立领导行为标准化流程,对如何建立战略展开系统、如何回顾指标与活动、如何解决问题都做了详细的讨论与标准化规定，并要求管理人员每次会议结束后进行自我行为评估，以此来跟踪评估其行为方式的转变。

从患者的需求出发，精益医疗不仅仅是精益六西格玛的改善工具，还可以帮助医院建立共识体系，建立领导行为标准化流程，以战略展开驱动持续改善行为在整个组织内生根发芽，培养团队基于科学思维方式的问题解决能力，与此同时培养医院管理人员成为组织内部的教练，进一步扩展试点成果。

在项目过程中，团队一起相互学习成长，关注行为的转变，逐渐形成持续改善的文化。那么如何做到这样的转变呢？

精益科室的建立是将要迈出的第一步。

初识检验科沈主任是在2013年夏天。沈主任是检验领域的权威专家，技术方面自然不必说，在学科建设与管理上也有自己独到的见解。

当时在医院试点精益医疗时，需要选出两个试点科室，沈主任自告奋勇地报名参加，对于新的管理思想的接受程度令人印象深刻。

试点的方式是从两个角度出发，自上而下与自下而上地建立长效改善机制，目的是创建出持续改善的文化。

自上而下：

在科室层面承接医院层面战略发展所需要的责任，从各KPI指标来对接，从医院部署的重点工作来对接。每周科室回顾重点关注的运营指标，对于连续偏离目标的指标进行重点关注，必要时开展A3改善项目。这个层面的改善，我们称之为战略驱动的改善（见图5-13）。

图5-13　科室战略墙

患者满意度是医院科室重点关注的点。沈主任发现来医院就诊的患者本来就身体不舒服，而在确诊之前到检验科抽血化验，心情更加焦急，如果还需要排队等待很长时间，那势必会更加难受。于是，将缩短抽血窗口排队等待时间作为试点科室的试点改善项目。

自下而上:

建立改善日历,收集员工每天发现的问题,及时反馈解决,调动每一位员工的积极性,逐渐将改善视为日常工作的一部分,我们称之为日常改善(见图5-14)。

图 5-14 改善日历

用可视化的方法,将员工发现的问题放在改善日历之中,每天进行跟踪处理,每周例会进行汇总点评。实施之后,很快每周就能收集到几十条改善建议,或大或小,非常好地调动了全科室员工的改善热情。与此同时,将改善日历与医院原有的合理化建议系统统一起来,更好地发挥合理化建议系统的作用。

检验科同时实践的还有领导者的标准行为准则,制定管理者现场观察的标准作业,等等。在质量管理、不良事件上报等方面，也都取得了非常好的成绩。

近日有幸再回到台州医院检验科，看到当年一起努力奋战的医院各位老师还在坚持着精益医疗，并持续不断地改善自己的服务，从本科室的改善延伸到跨科室去服务更多的临床科室。与此同时，从每一位检验人的脸上都能看到对"问题"的渴望。

持续改善：

到目前为止，围绕同一个真北方向，已经在集团层面、3家医院层面、43个试点科室层面（部分科室已经进行到专业组层面）部署了战略展开系统，将所有的力量聚在同一个方向。同时各试点科室都开展了A3改进项目，从患者的角度出发，优化流程，深入解决实际问题，共同向着集团的使命与愿景持续改善。

恩泽医疗中心组建了自己的"精益推进小组"，该小组是一个虚拟的组织，由多位积极的精益领导者兼职组成。推进小组对于自己的定位是在医院中心，统筹推动精益医疗的实施落地，具体职能包含四块：学习、推进、评估、分享。

持续改善的核心思想是PDCA，在大尺度上，太多的管理停留在不断P与D的层面，缺少C与A。在整个精益医疗推进的过程中，在医院里还建立起了一套年度评估的体系。基于新乡评估的原理与方法，针对医院、科室人员的行为进行年度评估，给出改善建议，以不断取得进步。

恩泽能在外部推进组织离开后实现自身造血，得益于精益推进小组。高层领导和精益推进小组仍然会按卓越运营模型驱动理想行为，有序、逐步实现持续改善文化的理想结果。2017年新增加精益科室（部门）达到16个。自己能开展针对精益试点科室（部门）主任及核心团队的培训、评估，继续按计划用精益工具做院级层面跨部门的改善项目，定期评估领导者的精益理想行为等。

案例点评：

2013年的时候，作为UL精益医疗咨询团队的一员，笔者和罗伟老师一起，有幸到台州恩泽医疗中心学习实践精益医疗。

台州恩泽医疗20年来的精益实践之旅和很多组织一样，都面临相似的困境和挑战。初期改善项目取得了较好的局部效果，但是数年之后发现，对整个组织的转变作用有限。

之后，借助新乡模型卓越运营的模式从组织战略开始梳理，建立战略展开系统，同时以A3科学问题解决为重要推手和载体，推动了自上而下的落地和自下而上支持组织战略目标的实现。在这个过程中，有几个要点提出来和大家一起来探讨：

（1）领导先行。院长以身作则开始学习，亲自参与改善和辅导，而不是交给护理部或者某个主任去负责。

（2）扎实的问题解决。再完美的战略，落地都需要科学的问题解决作为支持。恩泽医疗中心有多年精益医疗黑带的项目实践经验，已经积累了一大批掌握科学问题解决方法的精益人才。同时，在这个过程中将战略展开和问题解决有机结合起来。

（3）从试点科室开始，再推广到全院。就算是院长牵头，医院层面的战略展开也不是一下子就铺开，而是从试点科室开始，通过几年的时间不断迭代，才最终拓展到全院。

台州恩泽医疗中心经过数年的努力，建立起一个相对完善的精益体系，并不断自我迭代，持续改善，最终获得国家级的荣誉。更重要的是，通过精益实践不断地提高医疗质量和效率，朝着全院的使命更近了一步：让台州人民更健康。

医疗行业目前面临极大的挑战，但总还有很多像恩泽医疗中心管理层和员工这样的现实的理想主义者，在殚精竭虑、想方设法地提高医疗质量和效率，造福一方人民。

我们都生活在阴沟里，但仍有人仰望星空。

——剧作家、诗人、散文家
奥斯卡·王尔德（Oscar Wilde）

第 6 章

组织文化改变

经过近 30 年的尝试,大家都逐渐明白,通过系统地实施精益可以提高组织运营质量和效率,但是往往很难维持,经过数年之后又会回到原地。精益的最终目的是建立持续改善的组织文化,实现组织的自我迭代,基业长青。对于组织文化的变革,已经有无数的学者进行了广泛而深入的研究,但是对大部分中小企业来说,如何在自己的企业推动精益文化的转变依然是一筹莫展。

标准化作业的故事

安镁深圳在精益变革初期,将大部分精力放在建立稳定的品质上面。经过近 2 年的努力,相对稳定的品质系统让大家不再每天忙于救火,开始有时间来思考如何防火。

团队也逐渐建立起自信,开始挑战一些要求更高的项目。很巧合的是,美国安镁的一个客户在全球供应链的战略布局中,有一个重要的考虑是在中国建立一定的产能。而前期选中的一个项目正好是美国芝加哥的项目,该产品是商用卡车尾气净化系统中的一个关键阀体零件，对产品精度和气密性都有很高的要求。由于该产品主要是在美国销售，所以一直以来都在美国采购和生产。

如果这个项目转移到中国生产，那么安镁深圳会有不可比拟的优势。深圳和芝加哥的设备是一样的，模具、夹具和工装的设计制造都遵循同一标准。对于设备这些硬件，基本可以"即插即用"。

深圳的团队很快就根据美国的模具设计、工艺过程的实际周期时间等进行了报价。客户同时也在国内找了其他几家供应商报价。虽然安镁深圳的价格跟国内的其他几家供应商相比，略高了一些，但是客户也理解价格的差异主要是由于设备不同。安镁深圳的设备和芝加哥的设备都是从欧洲和日本整机进口。国内其他厂商基本是用的国内设备。对于高精度和高气密性的铝合金压铸来说，设备的性能和稳定性还是很重要的因素。

经过综合评估，客户最终确定选择安镁深圳工厂作为这个产品产能转移的供应商。但是由于运费的原因，从深圳到客户在美国西海岸的工厂只能走海运。中间的交货时间要增加差不多1个月。为保证供应链的安全，在转移初期同时维持安镁芝加哥作为主要供应商，安镁深圳作为第二供应商。

即便如此，客户依然对安镁深圳进行了严格的供应商审核和评估。同时要求这个产品的前期开发和量产批准严格按照

PPAP[1]的流程进行。

安镁深圳虽然还没有通过汽车行业 TS16949[2] 的认证，但正好可以通过这个项目提升在前期开发和生产过程中的能力。困难在于安镁深圳的团队之前并没有相关的经验，要想独立完成几乎是不可能的。

为保证项目按照客户要求的进度顺利量产，马修先生和 A 总亲自带领团队来完成这个项目的前期开发。

一样的产品已经在芝加哥顺利量产，给深圳工厂省去了很多复杂的前期设计和开发。同样的模具设计、同一个模具制造商、同样的工装刀具等，只要按照芝加哥的图纸和清单制造与购买即可。同样的设备，连程序都不用修改。

从第一次试模开始都非常顺利，很快进入小批量试产阶段，这时开始遇到第一个困难。前面提到过，这个产品有很高的气密性要求，在客户工厂装配之后都会经过 100% 的气密性检测。如果发现泄漏，整个阀门总成都会报废。装配配件加上机加工、装配测试等工时费用，这个时候的报废损失会是这个零部件价格的

---

[1] PPAP，Production Part Approval Process，生产件批准程序。它规定了包括生产件和散装材料在内的生产件批准的一般要求。PPAP 用来确定供应商是否已经正确理解了顾客工程设计记录和规范的所有要求，以及其生产过程是否具有潜在能力，在实际生产过程中是否按规定的生产节拍生产满足顾客要求的产品。

[2] 国际标准化组织（ISO）于 2002 年 3 月公布了一项行业性的质量体系要求，它的全名是"质量管理体系—汽车行业生产件与相关服务件的组织实施 ISO9001: 2001 的特殊要求"，英文为 TS16949。为响应 ISO9001: 2015 质量管理体系，于 2016 年更新标准为 IATF16949: 2016。

数十倍。就算在压铸之后进行100%的气密测试，也无法确保机加工和装配之后不会发生泄漏。因为机加工之后会暴露出压铸本身的缺陷，如砂孔等。

好在这不是一个新的问题，同样的难题在芝加哥项目开发的时候就遇到过。在做了大量的试验之后确认泄漏的原因主要是铸件内部的砂孔和孔内缺料。有效的检验方法是将铸件沿着孔的中心方向切开，然后目视检验是否存在砂孔和缺料。同时，压铸这个工序基本上是由自动化的设备完成的，在一定的时间内是相对稳定的。在每20个连续的生产中切开1个进行目视检验，只要切开的这个零件是合格的，就基本能确认前面的20个零件也是合格的。如果发现砂孔或者缺料，就要往前追溯20个，前面的20个都得报废。同时要调整相应工艺参数，直至产品合格为止。芝加哥工厂用这种控制方法生产了数万件产品，几乎没有在客户那里发生泄漏的不良。

于是在深圳量产的时候，同样用这个方法来控制生产。同时根据PPAP的要求，对这个人工目视检验的方法进行了测量系统的重复性和再现性⊖（R&R）分析与改进。经过数轮的分析改进和

⊖ 重复性和再现性（Repeatability & Reproducibility，R&R），测量系统分析里面的一个重要组成。量具重复性：指同一个评价人，采用同一种测量仪器，在尽可能短的时间内多次测量同一零件的同一特性时获得的测量值（数据）的变差。量具再现性：指由不同的评价人，采用相同的测量仪器，测量同一零件的同一特性时测量平均值的变差。简单来说，就是相同的人和不同的人用同样的量具测量出来的结果变差都是在可接受的范围之内。

培训，有两个检验员的测量重复性和再现性得到了验证。

按照 PPAP 的要求和项目的进度计划，成功进行了小批量 300 件的试产。试产之后，向客户提交了 PPAP 报告和样品。寄送的样品经过客户工厂的装配和测试，100% 通过了所有尺寸和气密性功能测试。

马修先生收到客户的 PPAP 批准之后，不禁感叹，这是安镁历史上第一次客户没有问任何问题就批准的 PPAP。虽然这个项目有特殊性，有芝加哥工厂的成功经验可以借鉴，但马修也为自己深圳团队的表现而感到欣慰和自豪。

按照 PPAP 阶段确定的作业标准，这个产品在深圳开始量产，并源源不断地通过海运向美国西海岸发送产品。这是一个双赢的局面。客户非常高兴，在美国和中国同时建立了稳定可靠的产能，相互可以作为备份，既保持了美国总装，同时又可以享受到中国相对低成本的采购价格优势。对安镁来说，虽然一部分芝加哥的订单转移到了深圳，但都还是自己的工厂，并没有由于全球化转移的趋势而损失了自己的份额。虽然中国的产品售价低于美国，但是由于人力成本优势，总的利润并没有降低。而且由于这样独特的全球化供应链优势，可以在美国、巴西和中国提供品质几乎无差别的产品，还因此可以拿到这个客户的新订单。

在开始的前半年，大家度过了一段美好的时光，准时交货，品质稳定。直到那一年感恩节前夕，深圳收到了客户的品质投诉。

产品出现泄漏，而且不是个别，是整个批次都泄漏。在问题没有从根本上解决之前，所有产品都会被退货，包括已经在海上的产品。如果因此导致生产停线或者产品召回，安镁将会付出巨额的赔偿。

先不说直接的经济损失，本来以为已经建立起相对稳定的品质系统，可以稍微松口气的时候，被当头一棒直接打倒在地。也就是说这两年的努力可能是无效的，这一切都是海市蜃楼。大厦将倾，后背的寒冷顺着血液延伸到了掌心。

虽然深陷重围，但还不至于四面楚歌。在总部的支持下，芝加哥工厂放弃了圣诞和新年假期，紧急开工连续生产，先保证客户生产线不停线。同时迅速从客户工厂拿回不良品到芝加哥工厂分析原因。

几乎没有费什么周折，切开零件一看，孔内由于模具拉模⊖导致缺料。机加工之后缺料的地方密封失效，导致泄漏。

这种拉模一旦发生，如果没有及时清理抽芯上的铝料残留，就会一直拉模，由此造成批量性的不良。这也符合客户方的反馈，属于批量不良。

这就让大家陷入疑惑，这种拉模属于压铸不良里面的低级错误。甚至不用切开零件，在手电的帮助下，直接目视都能看到。

⊖ 拉模，压铸专业术语。铸造成孔的原理是一根抽芯在模具打开的时候从零件中抽出，从而在铸件内形成孔。由于种种原因，这个抽芯抽出的时候沾了铝料，就会将铸件孔拉缺料，俗称拉模。

何况我们还每20件就切开来检验，没有理由看不见啊！"

大家前往生产现场，现场的操作工是老何，一位工作十多年的老员工，技能熟练，工作非常认真负责，也是当时得到认可的两位检验员之一。看到公司管理层都来到生产现场，他也大约知道这个产品出了品质事故。他从成品箱里面随机拿出一个产品，到锯床那里锯开之后跟大家说："这个产品是很好的，没有砂孔，也没有缺料。我们也想不明白为什么会批量出现不良。"

"是很奇怪，这个产品的生产一直很稳定。前面我们每20个切开检查，连续两个月都没有发现过一件不良品。"生产主管补充道。

"能查一下客户投诉的那个生产批次的检验记录吗？"

"可以的，我们的检验记录都会保留两年。"品质工程师从资料室找出了上个月生产的那个批次的检验记录。正好也是现场这位老员工当班。

大家拿到那份当班检验记录的时候大吃一惊，只有上班的第一个首检记录是合格的，中间再也没有切开的检验记录。

老何一下紧张了，支支吾吾说："那天生产比较忙，还有其他的一些工作要做。就想着生产一直很稳定，切开检验也是个浪费，一时大意只做了首检，后面就没有继续检验。"

翻开这两个月的检验记录，基本上都是一个班才检验一两个。完全没有按照作业指导书上的要求去检验和控制生产过程！生产结束之后，模具进行例行的维护保养，抽芯上残留的铝料也就不复存在。后面批次生产的产品也就不会出现拉模了。这就解释了为什么下一批次的首检和现在生产的产品是合格的。

真相往往很简单，却更加残酷。生产稳定之后员工觉得没有必要浪费这个产品去做破坏性检验，只要首检合格就可以了。现场管理人员也觉得这样有道理，就默认了这样的操作。但就是这一个显而易见的不良造成了客户方的批量退货和安镁无法估计的损失。

很多时候品质问题分析到一定程度都会指向员工不够负责或者新员工培训不够，可在这次质量事故中都不成立。老何是一位老员工，工作技能很好，工作态度认真负责，而且他这么做真的是出于好心。

前期开发的时候在芝加哥成功经验的帮助下异常顺利通过PPAP，也有明确的作业指导书，员工也经过足够的培训。但是员工就在一个偶然的时间点做出了"好心"的决定，根据自己的理解来操作，而不是作业指导书。如果员工不按照作业指导书来操作，那么所有费尽心思建立起来的质量和运营系统就会形同虚设，正是"千里之堤，溃于蚁穴"。

可是下一步应该如何做呢？自然而然出现在脑海的措施会是：重罚这个员工和相关人员，同时出台新的规定，员工必须按照作业指导书操作，否则重罚甚至开除。

这个办法太简单粗暴了。冰冻三尺非一日之寒，很显然，这是整个公司日积月累所形成的做事风格。老何作为多年老员工，做事认真负责，也从心底就认为这么做是"理所应当"的，并无不妥。出现这个品质事故是意外，却又是必然。

真正的危机并不是这次质量事故的经济损失，而是如何改变员工的行为。如果没有改变员工做事的方式（行为），再多的措施终有一日也会像前面的作业标准一样，淹没在员工的"潜规则"里面。

员工行为改变

对于行为学的研究，早期都认为想法（Attitude，直译为态度，也有学者是用 Opinion，意见或者想法，为方便读者理解，本书统一都翻译为"想法"）决定行为（Behavior），要想改变行为，必须改变想法。但是俗话说得好：江山易改，本性难移。足可见要想改变一个人的想法是何其困难。20 世纪 60 年代以来，不断有研究表明不仅想法会影响行为，行为也会影响想法。

其中最为著名的是利昂·费斯汀格（Leon Festinger）的认知不协调理论。[10] 费斯汀格和他的学生在 1959 年设计了一个著名的实验。实验分为一个控制组和两个实验组。研究人员给这三个组都分配了非常无聊的任务：在 1 个小时内反复转动木头把手。

对于两个实验组，研究人员付给其中一个实验组的每个参与者 1 美元，另外一个组每人 20 美元。实验结束之后，研究人员解释说这个实验关注的是"期望如何影响绩效"。研究人员还要求实验组的成员向外面等着的下一个参与者（事实上是研究人员假扮的，并不是参与实验的人）解释这是一个非常有趣的实验。

最后，所有人都会填写一份问卷，其中有一个最为重要的问题是：你对转动把手这项任务的喜欢程度（分数从 –5 到 +5，负数表示讨厌）。

由于控制组没有给予任何报酬和激励，它是没有干扰条件下的自然状况，因此这个组的得分可以作为参考。其他两个实验组的数据和控制组的不同就可以认为是实验所增加的条件干扰所致。

结果非常有趣。控制组的平均得分是 –0.45；拿到 1 美元的那个组的得分是 +1.35；而拿到 20 美元那个组的得分是 –0.05（见图 6-1）。

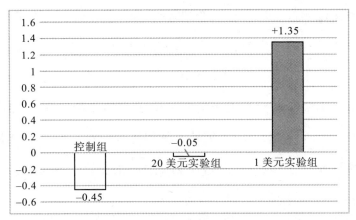

图 6-1　实验结果对比

转动木头把手 1 个小时，确实是一个无聊的任务。控制组的得分是负数，说明是讨厌的，和喜欢沾不上边。这个很容易理解。但是两个实验组的数据都和控制组有显著[一]不同。实验组的成员在"向下一组成员兜售这个实验行为非常有趣"之后，对他自己本身的想法也产生了影响。而按照控制组的数据，两个实验组在"兜售"之前本应该都是讨厌这个实验行为的。

简单来说，在一定条件下，行为可以改变你的想法。

这是非常重要的一个证明，之前的假设都是想法决定行为，现在证明了行为也可以显著地改变想法。

但是为什么 1 美元的实验组会显著地比 20 美元的实验组得分高呢？按常理理解，应该是给钱多的才更信服你，想法转变更大。这就是这个研究的伟大之处，用科学的方法证明了一个和"常识"几乎相反的理论。

费斯汀格这么解释：实验组被要求向下一组实验人员讲解这是一个非常有趣的实验，这个行为和他内心讨厌这个实验是存在不协调的。行为和内心想法不协调的时候，就会改变你的想法。而这个不协调性越大，改变越大。20 美元的实验组拿了 20 美元，在 1959 年那可是不小的一笔钱，觉得那就这样讲一下也无所谓，内心的不协调与 1 美元的实验组相比是小很多的。1 美元的实验组，

[一] 这个显著性是一个统计学的概念，论文原文中采用假设检验的 P 值来检验这个显著性。有兴趣的读者可以自己参考相关书籍和论文，这里不做赘述。

拿到近乎可以忽略的 1 美元，会潜意识调整他们内心的看法来适应自己做出的行为（向下一组讲解这是一个非常有趣的实验），从而对自己的想法改变更大。

这就是著名的"认知不协调理论"。这个理论奠定了很多研究的基础，数千项研究也不断证明了这个理论。

再简单总结一下这里的两个重要发现：

- 行为可以改变想法。
- 行为和想法的不协调性越大，对想法的改变越显著。金钱虽然可以激励行为，但是会降低不协调性，也就是对想法的改变越小。

回到实际的问题上来，这个时候安镁面临的最大问题是员工没有按照作业标准操作的行为习惯。要想改变这个行为，需要改变员工的想法。但是直接改变想法却是非常困难。费斯汀格为我们提供了一个途径，就是通过改变行为来改变想法。

这好像陷入了先有鸡还是先有蛋的哲学问题。其实，这里的"想法"和"行为"的关系很类似读者们所熟知的"知"和"行"。

"知易行难。"例如吸烟有害健康，这个道理人人都懂，然而有几个人真的戒掉了？不同的意见一样鲜明："知"不是简单知道，如"有害健康"，很多还在吸烟的人在健康没有真的受到严重影响之前是没有真实的认知的。

与之相对应的是"知难行易"。还有大家耳熟能详的王阳明的"知行合一"。孙中山先生早在1917年7月21日广东省学界欢迎会上的演讲中，便批评王阳明的"知行合一"是"似是而非"，明确提出要用"知难行易"学说"打破古人之旧学说"，并举例说明"知难行易"学说的正确性。

孙中山认为，"知之则必能行之，知之则更能行之""天下事只怕不能知""倘能由科学之理以求得其真知，则行之决无所难"，在科学的真知灼见的指导下，"行"并不难。孙中山以日本的明治维新、美国的独立运动、暹罗（泰国旧称）效仿日本维新等的成功，佐证"知之则必能行之"。[11] 在《孙文学说》中，他也提出"行之非艰，知之惟艰"，并以饮食、用钱、作文、建屋、造船、筑城、开河、电学、化学、进化等十事为证，说明人类社会中的任何事都是行在先，知在后。[12]

在这里似乎陷入了一个死循环。同时，安镁深圳所面对的困难也必须找到一个突破口，否则就算侥幸渡过这次难关，后面肯定也会再次发生，只是时间的问题。

在和很多学者和精益大师讨论和研讨的过程中，我们发现有两个研究的结论非常相似，而且似乎提供了可参考的答案。两度获得"新乡奖"（被称为"制造业的诺贝尔奖"）——《学习观察》和《丰田套路》的作者迈克·鲁斯和美国犹他州立大学新乡研究所就构建出一套想法和行为的管理系统。

迈克在《丰田套路》中提出，改善的成果不能维持是因为没有形成精益的组织行为和文化。要想改变行为，必须在教练的指导下，通过不断练习形成习惯。然后慢慢地改变思考问题的方式，也就是行为反过来改变想法，从而形成精益的文化。[2]

犹他州立大学新乡研究所是"新乡奖"的评审机构。对多年以来获得"新乡奖"的组织进行回顾研究之后发现，获奖之后的组织很少能维持并持续改善的。主要原因是之前的评审过于关注流程和结果本身，而忽略了更为重要的行为评估。之后在研究的基础上研究所提出了新的"新乡模型"（见图6-2），认为一个精益的组织必须能够有持续改善的理想行为，而行为可以通过管理系统来改变和固化。这里的管理系统并不是指ERP这些IT系统，也不是人们通常理解的我们实践的一个管理系统，比如全面质量管理系统等，而是一个管理的机制和体系，可以通过这个机制和体系去驱动行为改变。比如我们期望员工的理想行为是按时上班，那么这个管理系统就可以是指纹考勤机加上《考勤管理规定》。通过这些机制和工具来驱动员工每天按时上班的行为（虽然员工不一定都从心里认可）。

站在这些巨人的肩膀上，我们好像看到了打破这个循环的曙光（见图6-3）。

（1）企业或者组织都希望得到好的效益（绩效），而结果是通过员工执行组织的流程来实现的。

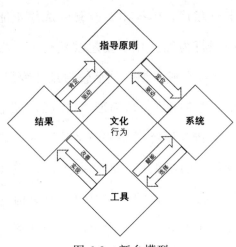

图6-2 新乡模型

资料来源：新乡模型（Shingo Model），美国犹他州立大学新乡研究所。

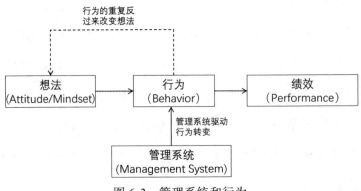

图6-3 管理系统和行为

（2）要想有好的绩效，需要员工有好的行为（比如按照标准作业指导书操作）。

（3）员工的想法决定了员工的行为。

（4）适当的管理系统可以驱动员工的行为。

（5）行为的不断重复可以反过来影响员工的想法（贾斯汀格的"认知不协调理论"）。

（6）员工想法的改变进一步固化了员工的行为，成为一种习惯。就像丰田的员工遇到问题都会停止工作，拉下安灯。如果你去问为什么会这么做，可能大部分丰田员工都回答不上来，他会一脸茫然地看着你，说："这是个什么问题？我也不知道为什么，习惯就这么做，就像每天都要呼吸一样。"

这也在很大程度上解释了为什么很多企业学习丰田，学到了丰田的工具和方法，却没有成为第二个丰田。因为丰田区别于其他公司的本质不同是员工都具备了持续改善的行为习惯。而这些员工的行为是没有办法直接复制的。就像丰田的员工也不知道自己为什么会这么做一样，只是一种习惯，从进工厂开始就这么做。

对其他学习和实践精益的组织来说，内部是没有这样的氛围的。这其中的突破点就是图 6-3 中间的行为转变。我们需要转变组织内员工的行为，丰田的经验可以告诉我们什么样的行为是好的，但是丰田绝大多数员工都没有经历过这个转变过程。所以丰田的经验帮不了你。比如安镁深圳目前员工的行为是：员工会不自觉地根据经验，而不根据作业标准来操作。不用去丰田学习，精益最基础的知识都已经告诉我们：根据作业标准来操作。

所以这个时候最重要的是要找到一个合适的管理系统来驱动

这个转变。费斯汀格的"认知不协调理论"已经揭示，金钱的激励会减少不协调，对想法的改变也越少。也就是说，金钱激励可以在短期内改变员工的行为，但是对于员工的想法改变作用甚微。一旦员工对金钱激励习以为常，想法又没有得到转变，那就会回到原来的行为上。

这个系统还不能是复杂的系统，因为需要现场员工和管理人员去执行。和很多中小企业面临的情况很类似，安镁的基层管理人员和现场员工的受教育程度都比较低，甚至还有不认识字的员工。

正当大家都感到一筹莫展的时候，一次偶然的机会，精益企业中国的赵克强博士和大家分享了一个现场管理"金三角"——标准化工作、可视化管理和现场走动。现场除了需要建立标准化工作，还要建立可视化，能够一眼就看出异常，比如员工是否在按照作业标准操作。最后也是最容易忽视的，管理人员要到现场去，去发现问题，但不是去责备和归责，是要对现场的问题解决提供支持和帮助（见图6-4）。

图6-4 现场管理"金三角"

这个现场管理系统不正好适合安镁的现状吗？之前出现员工不按照作业标准操作，管理层没有及时发现和纠正，正是缺少了管理人员现场走动这个环节，准确地说，应该是缺少有效的现场走动。管理人员包括总经理在内，在现场的时间都不算少，但是如果没有发现这个问题，也就无所谓问题解决。

这个三角也非常简单，容易理解。很快，安镁深圳就按照这个机制建立起了现场管理"金三角"。在每一个工位将《作业指导书》和《过程检验记录表》这些文件悬挂起来，方便员工和管理人员一眼就能看到，并要求现场管理人员每天在现场走动的时候检查操作工的执行情况，不过并不是要出台相应的奖惩措施。发现了异常就和员工沟通：为什么没有这么做啊？有没有什么困难？我们一起来看看怎么帮你。

逐渐地，现场员工开始知道领导们在关注和检查，不按照作业指导书操作、不按时检验产品的情况越来越少。员工好像开始养成了这个习惯。

直到有一天，出货检验的同事发现了一起质量事故。其中有一个零件漏了一道CNC工序，而且是批量的，从某个时间点开始生产的产品全部都是漏工序的。没有道理啊，CNC加工是由程序控制的。而且这个关键工序是测量尺寸，按照控制计划，需要每两个小时拿一件产品去三坐标测量室测量尺寸，合格后才能继续生产。

继续深入调查，我们找来当班的《过程检验记录表》，赫然发现那个关键工序的尺寸是合格的！这是一个孔的内径尺寸，没有加工哪来这个尺寸的数据。当班的三坐标检验员在这个情况下也只能说出实情。当时确实检验有另外一个尺寸出了点儿问题，就找CNC技术员来调整那个尺寸，为了快速测量，技术员暂停了后面的加工，先快速加工完需要调整的尺寸，合格之后再把后面的程序加上去加工成成品。结果大家一着急，要调整的尺寸合格了之后就继续生产了，都没有记得把后面的程序加回去。三坐标检验员也理所当然认为后面的尺寸都是合格的，后面巡检的时候也就没有再检验。尺寸是检验员自己根据经验直接编造的，美其名曰为了节省时间。

此时，压制不住的怒火对这个问题的解决是毫无帮助的。开除这个检验员并不能改变目前的现实情况。现场管理"金三角"系统失效了。

其实冷静下来仔细想想，这并不是安镁一家企业面临的问题。现场的各种检查表，比如《设备点检记录表》等，你要求员工怎么填，员工会按照要求填写，打钩、打叉、签字、画三角、交叉检查签名等。但就是无法确定员工是真的检查了，还是只填了表。现场走动失效了，现场只能看到检验记录是否完整，无法看到员工是否按照要求检验了零件，又不能一直像警察一样在员工旁边看着。

这时，管理食堂后勤的人事经理说，为什么不能像食堂的食品一样——留样。现场产品还不需要像食品那样用冰箱保存,直接放在现场就可以了。对啊,把那个抽检的产品留样,并做好标识。现场走动的时候就可以复测这个产品,核对员工的检验是否准确,这样就没有办法造假了。确实,这才是有效的现场走动。

通过现场管理"金三角"这个系统,逐渐驱动了员工的正确行为:按照作业标准操作。相信假以时日,不断重复的行为也会改变员工的想法,就是要按照作业标准操作,凭经验是不可以的。"为什么?""我也不知道,一直都是这么做的。"

这才是精益的精髓,才是丰田无法被复制的秘密。

建立精益组织文化

员工的行为转变之后是不是就万事大吉了呢?答案显然是否定的。因为组织是由所有员工组成的,员工的行为还受到其他方面的影响,比如组织的环境、氛围、群体行为等。精益转型的目标是建立精益的组织文化,同时具备自我迭代和进化的组织,才能真正实现基业长青。

迈克·鲁斯在《丰田套路》中提到了热力学第二定律和熵。迈克认为组织也同样存在熵。例如标准化工作,就算定义了标准,向每位员工都详细解释过,也张贴了出来,流程还是会倾向于退步。不能归咎于操作者没有遵守标准化工作流程（可能我们很多人都会这么认为），真正的原因是交互影响和熵，如果我们"放任"一个流程，那么它就会自然地恢复到混沌的状态。

热力学第二定律是根据大量观察结果总结出来的规律：在孤立系统中，体系与环境没有能量交换，体系总是自发地向混乱度增大的方向变化，总使整个系统的熵值增大，此即熵增原理。其中熵的物理意义是体系混乱程度的度量。通俗地说，一个封闭的系统，如果没有外界的干预，就会日趋混乱（混沌），最终走向消亡。

无独有偶，组织管理大师玛格丽特·惠特利（Margaret J. Wheatley）在其经典著作《领导力和新科学》中用整整一章的篇幅讨论了热力学第二定律和组织变革——"平衡与变化：组织变革的关键法则"。传统追求平衡和稳定的系统属于封闭系统，熵会一直递增，也就越来越混乱，直至消亡。玛格丽特引用诺贝尔奖得主普利高津的研究，除了封闭系统，还存在另外一种"耗散结构"，它们耗散或者放弃有序形态，而重新建立自己的形态。面对越来越强的干扰信息，这些系统天生就有重新进行自我组织的能力，正因此，它们被称作自组织系统。自组织系统具有弹性，能够随环境而改变，完全不同于刚性、稳定的系统。[13]

任何一种组织变革，最终都是希望打破封闭的系统，建立一个自组织系统。精益变革也不例外，迈克在《丰田套路》里面研究总结了丰田的组织文化，指出丰田具备有意识的自我调整（adaption）

的能力。丰田的员工能够有效地理解现状，找到聪明的解决方案，而丰田持续改善和调整的能力也正是因为员工的这种应对能力。丰田认为所有员工持续改善的能力才是公司的"优势"所在。

还在坚持做精益的组织，都希望建立自组织系统或者具备自我调整的能力，在组织内部形成精益的组织行为和文化，并不断改善，做成百年老店。虽然迈克和玛格丽特已经将个中要点阐述清楚，但是在日常的管理工作中，要让团队都理解却是非常有挑战性的事情。尤其对很多企业来说，中基层管理人员的教育水平相对比较低，要阅读和消化以上两本书的内容存在一定的困难。安镁深圳曾经试过每周一次的读书会，由总经理亲自带着团队一起阅读、讲解，但是收效甚微。烦躁之余，总经理排解压力的一个办法是到公司的花园里种地、除草。

那也是一个夏天，南方的夏天雨水很多，大雨之后往往是杂草肆虐的时候。不到一亩地的小花园，每天都要花上个把小时来修整。付出总有回报，除了收获一片漂亮的草坪，总经理还在花园小憩的时候忽然想到一个很好的例子来和团队分享迈克和玛格丽特的洞见（见图6-5）。

在第二天的站立会议中，安镁深圳总经理用PPT和大家分享了这张两边草地的对比图，左边的草坪维护良好，右边的已经被杂草覆盖。这不是因为左边的草地今天才除过草，而是日积月累的结果。在组织内部，熵增原理会让组织朝着混乱和无序的方向发展。草地也一样，自然状态会有杂草入侵，如果没有定期除去杂草，那么草地就会被杂草覆盖。这个时候再除杂草为时已晚，就如图6-5中右边的草地，专门种的草已经基本消亡。所以精益变革要成功，道理很简单，做一次改善（除一次草）很容易，真正困难的是数年如一日，坚持一个固定的频率去改善（除草）。而且没有一劳永逸，只要草地还在，杂草（问题）就会不断。

图 6-5　草坪对比

持续地暴露和解决问题（改善），正是给组织加入了一个持续的外力，打破封闭的系统，熵增原理也就不再适用，从而建立了一个自组织系统，能够自我调整，随环境而改变，不断进化。这也许就是我们所追求的精益组织文化。

> 不要为了文化而文化，首先把精力集中于业务挑战。[14]
> ——美国麻省理工学院斯隆商学院教授
> 业界公认的"企业文化"一词的"发明者"
> 埃德加·沙因（Edgar H. Schein）

第 7 章

回归本源,人才培养

为应对不断变化的商业环境，丰田汽车在"丰田方式2001版"（Toyota Way 2001）中对丰田方式进行了更新，但是没有复杂的陈述。

丰田方式由两个主要的支柱支撑：持续改善和尊重员工（见图7-1）。我们从不满足于现状，总是通过提出新想法和尽我们最大的努力来改善业务。我们尊重所有丰田的利益相关者，并相信我们的成功是由个人的努力和良好的团队合作共同创造的。[15]

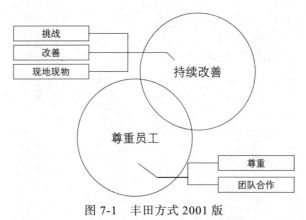

图 7-1　丰田方式 2001 版

资料来源：丰田官方网站 http://www.toyota-global.com/。

比原来的"丰田屋"更加简单，"丰田方式"只有持续改善和尊重员工。持续改善包含三个要素：挑战（制定具有挑战性的目标)、改善和现地现物(到现场去)。尊重员工包含两个要素：尊重和团队协作。

都很简单，但是每一个做起来都是非常困难的。因为丰田的要求是所有的员工都要有这样的行为。2002年，丰田还专门在人力资源部门成立了一个研究所，来传播和教育这个简单得不能再简单的"体系"。

正如前文所提到的，这是学习丰田最为困难的地方。丰田在官网上毫无保留地公开。丰田员工的行为模式就是这些，但是没有告诉我们如何实现这些。

这里的五个内容有四个都相对容易从字面去理解，但有一个是不大容易从字面意义上去理解的，那就是尊重。

这个尊重并不是我们所想象的日本民族相处时的礼貌和客气，而是有更为广泛深刻的含义。不仅尊重自己的员工，还尊重和丰田相关的利益相关者：股东、客户、供应商、社区，等等。

尊重员工很多时候也会被误解为对所有员工好就是尊重。日本企业在对员工的态度上不能算是"好"，尤其和倡导人性化管理的欧美企业相比的话。上级对下级甚至是严苛的，是不留情面的，但这正是这里所说的"尊重"的内涵所在。

一味对员工好，对员工要求松懈或者对所有员工一视同仁（平均主义、大锅饭）并不是尊重。因为这样做的话，员工的积极性和能动性会逐渐下降，企业会在激烈的市场竞争中逐渐丧失竞争力，经营会陷入困境，甚至企业会倒闭。皮之不存，毛将焉附。如果企业都不能持续经营，自己的员工都照顾不好，那何来对员工的尊重。

对员工要求严苛，不是为了大棒式的管理，也不是为了公司管理的权威，而是老师对学生的严格，希望培养员工的能力。员工的成长不仅对员工有好处，公司也会因此获益。企业和员工都持续进步，竞争力不断加强，企业持续盈利，基业长青，由此员工获得更稳定的工作和更高的收入。

从这个角度看，"尊重"就是严格地培养员工，实现员工和公司的共同成长。

和很多中小企业一样，安镁深圳的普通员工和一线管理人员的受教育程度大部分相对较低。对于压铸这样的"3K"[一]行业，更是如此。一线员工的平均受教育水平在高中以下。有一次在工资签收条上看见有一个员工是按的指纹，而不是签字。通常来说，现在指纹只在执法机关或者海关出入境建立档案的时候才会用到，日常工作生活中很少会看见。了解之后才知道，这个员工是安镁的老员工了，工作各方面表现都非常优秀，但是不会写自己的名字。

精益的书籍里面关于普通员工的培养，基本上是建议多能工培养。这样，可以在连续流单元里面均衡化安排工作，有不同需

[一] 3K 是日本制造业的一句俗话，意思是辛苦（Kitsui）、危险（Kiken）和不干净（Kitanai）。可以想象，这样的行业对劳动者的吸引力是比较低的。

求的时候安排不同人数的员工去操作。但是没有书籍可以告诉你如何去培养连字都不认识的员工。

"培养员工"是很简单的一句话。绝大部分中小企业都会说："行业情况不一样，我们对普通员工的要求也就是，能把活儿干好就行了。培养？这些高大上的东西到书上看看就好。举个最简单的例子，你教会他调机，他明天就到对门工厂去要更高的薪水了。普通员工的流动性，你知道的。"

是不是就这样"直面惨淡的人生"，把这种书上讲得"高大上"的"培养员工"扔在一边，继续实施其他的精益工具呢？那这是舍本逐末。没有稳定、多技能、敬业的员工，所有的管理系统包括精益工具在内，都会很难维持，甚至功亏一篑。

这个时候要回到"第一性原理"，不能只在表面思考问题。我们国家自从杂交水稻的大面积推广，农业的现代化逐渐产生了大量富余的农业人口。2010 年第六次人口普查数据表明中国流动人口为 2.61 亿，流动人口中的大多数是从农村到城镇的打工者。[16] 改革开放，加入 WTO，加上这个"人口红利"，我们国家的经济进入了 40 年的高速发展。但是面临的现实就是很多中小企业的传统产业工人大部分是农民出身，来自偏远地区，年龄普遍在 40 岁以上。

因为农业人口的富余，大家不得不背井离乡去打工挣钱，一年到头可能就春节回家一次。他们可以无限制地压缩自己的基本需求，把钱省下来寄回老家赡养年迈的父母和抚养小孩。员工出来打工最重要的是稳定地打工挣钱。确实，和这些40岁以上的一线员工谈"书生意气"的职业发展是画蛇添足。

再进一步深入思考，这些员工的需求是稳定和挣钱，而稳定和挣钱包含以下几个方面：

（1）公司能在变化的市场环境中稳健经营。这是最重要的前提，精益的首要目的是实现扭亏为盈或者稳健经营。就像组织文化大师沙因教授所说："不要为了文化而文化，首先把精力集中于业务挑战。"公司都摇摇欲坠了，谈何培养员工。

（2）公司要按时发工资。拖欠农民工工资在每年春节前都会成为老生常谈的话题。马修先生对安镁深圳总经理的要求中，除了守法经营之外，还有一条必须达到的指标：每个月10日之前发员工上个月的工资，如果没有，11日你就打包走人。这是对公司最高层的要求，也是对员工的承诺。就算在2020年新型冠状病毒肺炎疫情期间，为响应政府对防疫的要求，2月没有开工，在这种情况下，公司管理层也克服困难，在3月10日准时将全额工资发放到每一个员工手上。

（3）收入的稳定。劳动密集型企业大部分要面对一个事实：员工在正常每天8小时的薪水是按照当地政府要求的最低薪水发放。员工收入超过一半都得靠加班。但是加班并不是想加就能加的，客户的需求不会每个月都稳定，那就会出现有的月份加班多，有的月份加班少，员工工资收入很不稳定。但是从公司运营的角度来看，又不能直接提高最低薪水。员工在应聘的时候都会问你们加班稳定吗？员工希望多加班，多挣钱。尤其是周六，不加班的话非但没有两倍的加班工资，待在宿舍或者家里还得花钱。

（4）公司是否给员工交社保。这个其实和第一项紧密相连，看似一个月也就300多元的成本，但是如果企业还在苦苦挣扎，那么很多中小企业或许会选择不给员工缴纳社保，这样员工当月到手的收入也会高一些。但是对已经出来打工十多年的员工来说，这是非常重要的基本保障。安镁深圳给员工缴纳的是最低档次的第三档的社保，再加上重病保险。一旦遇到重大疾病的话，在经济上就不会有后顾之忧。随着年龄的增大，患病风险也会增加。而且缴纳社保至规定年限，员工到年龄退休之后，依然能够享受医保和领取养老金。

（5）每个月能存下多少钱，而不是每个月的工资是多少。我们第一次知道这个计算方法是在同济大学机械学院的周健教授那里，犹记得他动情地告诉我们：你不要看员工一个月只多拿了几百元钱，好像无关痛痒。那是因为你没有过过这样的生活，不知道他们是怎么算账的。举个简单的例子来说：员工一个月工资4000元，自己生活支出1500元，老家赡养父母和抚养小孩1500元，那么这个月就存下1000元。如果能够想办法提高生产效率，同时提高收入500元。那么这500元不是12.5%的提高

（500/4000=0.125），而是50%（以存下来的1000元来算）！员工会计算多存下来多少钱。这就是为什么员工会为了一个周末的加班、一两百元钱而斤斤计较。

明白了这个逻辑，那么就不难理解安镁深圳的做法。坚持给员工提供集体宿舍，2~3人一个小房间，村里的"农民房"。但是有空调、热水、卫生间和厨房，足够满足基本的生活需求。坚持自营食堂，提供安全、管饱的一日三餐（不仅是工作午餐，上班的员工都管三餐）。食堂谈不上美味，不提供餐具，自己带碗。尽最大可能降低成本，但是保证基本食品安全和营养。总经理每天和员工一样，自己带碗在食堂就餐，没有小食堂。这样就用较低的投入解决了一线员工的基本生活支出。也就是说员工拿到手的工资基本上都能寄回家或者存起来。这对员工来说，满足他们核心的需求，就是尊重。

那么回到开始的那个难题，对这些员工，怎么培养？

对于一线员工上述五个需求，其中第（1）、第（2）、第（4）和第（5）都是和公司经营状况和公司领导层的理念直接相关的，并不是我们需要回答的问题。

其中最难也是最关键的就是第（3）项，如何在市场波动的情况下给员工稳定的工时——也就是稳定的收入。显然，提高基本工资和随意加班都不是办法。安镁深圳的做法是培养真正的多能工。

一线员工培养

通常的理解是多能工可以增加生产单元的灵活性，对于建立连续流有着重要的作用。那么为何这会和稳定员工收入有关系？

先简单介绍一下安镁深圳的一线基本工种：压铸工、CNC 操作工、后加工（打磨和抛光）人员、装配工、外观检验员。其中：压铸工是一个相对特殊的工种，压铸机器操作相对复杂，铝料 650℃ 的高温对安全操作要求较高，还需要会操作冲床完成后续的冲切工序；打磨抛光人员需要 6 个月以上的训练才能熟练，生手和熟手之间相差非常大；CNC 操作工相对简单，但是要站立操作；装配工一般是坐着操作，工作环境也比较好，被认为是"关系户"岗位，一般不愿意调动到其他岗位；外观检验员和打磨抛光人员类似，需要长时间的训练，还需要相对谨慎的工作态度。

在传统的批量生产做法下，这样的分工是适合的。客户方的波动会造成各个工序之间负荷不平衡。这个星期压铸会忙一些，下周打磨会忙一些。但是每周大家加班都一致，因为工序中间的库存缓冲了这些不平衡。但是一旦建立连续流，工序中间的库存越来越少，不同工序之间的需求不平衡就暴露出来了。尤其在价值流组设置之后，每个价值流组都有以上所有工种。周末加班都是整个班组统一安排。班组长安排谁加班也不是，只好要么不加班，客户不断催；要么全部加班，工序负荷不足，人员多余，周六拿着双倍工资，人浮于事。

受到芝加哥工厂的"金级银级"操作员体系的启发，安镁深圳经过近一年的努力，建立了"金级"多能工体系。员工不再分为五个工种，而是分为两个工种，每个工种设立金级和银级员工，基本的分级如表7-1所示。

表7-1 员工工种基本分级

级别 工种	银级	金级
压铸工	掌握压铸技能	掌握压铸高级技能，同时要掌握CNC操作、普通打磨抛光和装配技能
后加工人员	掌握CNC操作和打磨技能或者装配和检验技能	掌握打磨抛光高级技能，同时要掌握CNC操作、装配和检验技能

对于银级员工，压铸工的要求基本和原来的分工一致，后加工的银级员工需要同时掌握两项技能，要么是CNC操作和打磨，要么是装配和检验。

对于金级员工，要求就高了很多。压铸工不仅需要掌握高级的压铸技能（快速换模、调机、解决基本问题等），还需要掌握后加工基本所有的技能；后加工人员除了需要掌握打磨抛光高级技能，还需要掌握CNC操作、装配和检验所有后加工工序的技能。

这个分级体系解决了两个关键问题：

（1）前面提到的CNC加工连续流要求员工会操作CNC，同时需要具备打磨和基本的检验技能。按照之前的工种，是没有这样的员工的。在这个要求下，后加工银级员工就可以胜任，同时压铸金级员工和后加工金级员工也可以胜任。

（2）不同工序的不均衡问题。金级员工基本掌握银级员工的所有技能，就成为整个公司的万能工，哪里需要去哪里。通过技能来缓冲不同工序之间的不平衡，而不是通过库存。

这里最难的并不是如何划分级别，而是如何实现。薪资如何设计，员工不愿意你怎么办？员工不想学，你不可能"摁着马去喝水"。记得丰田的李兆华老师说过：不能让员工得到好处的精益改善都是耍流氓。但是增加员工工资，公司成本会上升。这貌似是一个零和博弈，不会有双赢的局面。

传统中小制造企业在薪酬和激励制度上，除了有少部分还在沿用简单粗暴的计件制，大部分是计时工资。中小企业的薪酬和激励设计相对简单，很容易陷入大锅饭的平均主义。前面所说的尊重，其中也包含要对员工公平。公平并不是平均，而是要对好员工更好——不能让好人吃亏。在设计金级员工的薪酬和激励机制上，这一点就尤为重要。因为金级员工是整个公司技能最为全面的员工，大概率来说，能全面掌握技能的员工通常具备较好的工作态度。如何公平地对待这些员工就成为关键，同时要有机制能激励和支持其他还不是金级的员工向上努力。

安镁深圳在这个过程中走了不少的弯路，也从中总结了几条经验供大家参考。

（1）技能培训、认定和考核。

1）将各个工种技能分解为一个个相对独立的技能，同时确定该技能的"专家"，负责技能培训和考核。很多技能还需要准备课堂培训教材和现场实训。同时对重点技能实行下午5点下班后定期开课，对新员工和想要学习该技能的员工提供培训支持。

2）考核。银级员工的技能考核由人事部门和价值流组长负责。但是金级员工由现场班组长和价值流组长推荐，技能考核由总经理亲自负责。由于金级员工的薪酬绩效和银级员工相比会有很大差距，公司内部有很多的"裙带关系"（同一个村的、亲戚一大堆等，中小企业不像管理严格的外企，这种现象应该是很普遍的），为避免基层管理人员为照顾各种关系有失公平，总经理亲自参与和确定考核意见，就很大程度地避免了这种歪风。但是同时对总经理的要求也是非常高的，要熟悉所有技能的操作，具备评估的能力。

3）班组长的一票否决权。金级员工不是终身的，如果在日常工作中出现工作态度不端正、不服从工作安排或者出现与掌握的技能水平完全不符的重大质量事故，班组长可以一票取消该员工的金级资格。

4）每年考核。对于金级员工，每年都会重新更新标准和重新考核，避免有躺在功劳簿上的老将。

（2）薪酬和激励。

1）金级员工每个月额外给500元技能补贴。按照前面的算法，500元对普通操作员来说，有足够的激励。这里有一个关键，不能直接涨薪。因为调整了小时工资或者基本工资，按照目前的劳动法，基本上是不可能降下来的——就成了金饭碗。久而久之，员工也会松懈下来。但是作为技能补贴，如果工作表现与技能水平相差甚远，一旦取消金级资格，相应的补贴就自然可以取消。

2）所有周末加班向金级员工倾斜。在业务增长的时候以少招或者不招员工的方式控制员工人数。在需要周末双倍工资加班的时候都优先安排金级员工。很容易把道理讲清楚，人家技能水平比你好，而且什么活儿都能干，当然优先安排。现有普通员工给予3个月缓冲期去培训和成长，达不到银级员工标准的取消周末双倍工资的加班。道理也很容易讲，金级员工、银级员工优先排加班，如果银级员工就已经能排满，就不存在空位给普通员工加班。

这样的培训、考核和激励，既保证了对金级员工的公平和激励，同时给其他上进的员工留出可以通过努力上升的通道。对于完全不上进的员工，在这个机制下会被自然淘汰。

经过近两年的不断摸索、改善，安镁深圳认定了10多名金级员工，占全部操作工人数的15%左右。带来的效果是非常显著的，在总销量上升接近15%的情况下，基本保持相同的工时，而没有增加一名操作工。一线员工离职率常年维持在5%以下。

或许对员工过于严苛，但是管理层真正从心底去考虑一线员工的需求，通过精益变革让公司稳健经营，给员工提供稳定的工作，工资都能攒下来寄回家赡养父母和抚养子女；给好员工公平的待遇，给所有员工一个上升的通道和培训的机会；按时给员工发工资，缴纳社保，让员工病有所医，老有所养。这就是当下对员工的尊重，也就是对一线员工的培养。

安镁工程师学院

除了一线员工，其他技术人员、工程师和核心管理人员呢？对于核心管理人员，和很多大公司的做法大同小异，制定职业发展路径、公司支持去攻读硕士学位等。对于基层的技术人员和工程师呢？安镁的做法是成立工程师学院，培养业内领先的工程师。

压铸不是一个受年轻人欢迎的行业，尤其在深圳来说。机械专业毕业的年轻人留在本行的要么选择去大疆、华为、比亚迪、迈瑞医疗等一众知名或者不知名的创业企业或者高科技企业，要么转行去做互联网、电商等。有句玩笑话，压铸行业的中小企业，能招一个正规本科、专业对口的就偷着乐吧，别去想什么"985/211"。

1. 中国制造业的"工程师红利"

我国改革开放以来的经济迅速发展，尤其制造业迅速增长为世界第一，成为"世界工厂"。但是第二产业增速逐渐见顶，这有周期性波动因素，更多的是增速的趋势性下滑。在这种下滑的趋势中，非常重要的因素是人口红利的"消失"。[17]

历史总是相似的，全球化产业转移的步伐不会停止。安镁也是随着制造业全球转移的步伐从美国来到了中国。随着中国劳动力和环保等成本的上升，很多劳动密集型的外资企业将产业转移至越南等劳动力成本更低廉的地区。中低端的压铸产业也会逐渐转移。

我们国家在差不多20年前的一个战略性决定，让我们在"人口红利"逐渐消失的窗口期找到另外一个支点——那就是"工程师红利"。

从1999年开始，中国进入高校扩招期，每年普通本科毕业生和研究生毕业生的人数从2004年的120万和15万左右增长至2016年的374万和56万左右。在此背景下，过去十年，中国大中型高技术企业和制造业企业研发费用复合增长率高达24%。目前中国年轻工程师的工资水平并没有明显同步增长。巨大的"工程师红利"使外资在将劳动密集型产业迁往越南等地的同时，加大了对中国新兴产业的投资力度。[18]

从全球的角度来分析压铸行业，在美国，基本上不会有年轻人想要到压铸这个行业来当工程师。压铸这个行业成长周期长、待遇低、工作环境相对恶劣，最重要的是，没什么好玩的。这个行业直接面临着断代的问题。

同样地，在客户方面，结构领域（机械设计）的工程师年龄普遍偏大，也很少有年轻人愿意再从事这个行业。已经可以看得见的趋势是这些年终端客户也在逐渐向中国的供应商外包工程设计，也就使很多代工厂从OEM向ODM转型。

这也就是为什么苹果手机想回美国组装几乎不可能，其中一个很重要的原因是装配工程领域的人才断层。

我们国家近20年来的大力投资，培养了数以千万计的中基层工程师。对东南亚国家来说，以目前的经济和教育水平，在工程师这个层面很难替代中国。产业转移的前提是可以替代，成本更低。如果还不具备替代性，那么成本也就无从说起。

对安镁深圳来说，很难找到名校毕业生，但是有一定数量的工程师——大学毕业，受过相对完整的工程训练。而且很重要的是，这些年轻人都有平均超过10年的行业经验。

工程能力就是壁垒，美国已经断代，东南亚还没有建立起足够的竞争能力。我们需要在这个窗口期夯实这个壁垒，并找到新的竞争力和增长点。

迈克尔·波特的三个通用战略是：①总成本领先战略；②差

异化战略；③集中战略。对中小企业来说，通过精益变革实现总成本领先，同时用由此产生的超额利润投资差异化，比如压铸行业的工程能力，从而建立起自己的壁垒，实现基业长青。这或许是一个合适的战略选择。

安镁深圳在实现稳健经营之后，也一直在思考如何构建自己的工程能力壁垒。既然从外面招人这么难，安镁有这么多经验丰富的技术人员，都是不到18岁就出来打工。由于勤学苦干，从一线操作工成长为技术人员，有超过10年的从业经验，而且都还很年轻，平均年龄还不到30岁，那么安镁可不可以自己培养？

安镁深圳总经理回想起自己从偏远的小山村走出来，接受大学教育到成为一个工程师那段经历。如果要培养这帮年轻人，是会有很多困难，尤其对中小企业来说，所能投入的资源和资金也有限。但是，这些困难都是可以想办法克服的。因为最重要的师资，安镁自己就有。安镁全球从事压铸行业70年，相关专业的知识和实际操作自己就可以教。至于其他基础的工程训练和英语，在现在互联网时代，只要你肯学，知识唾手可得。

于是，在2018年底成立了安镁工程师学院。第一期计划培养项目工程师和品质工程师。工程团队一起列出了教学大纲，排出了课程表。

- 学员包括所有中层管理人员和技术员。

- 课程安排在每周二、周四下午 17∶30 到 19∶30 的下班时间。
- 课程来源各有千秋,有的来自购买的商业在线课程,有的来自免费公开课,有的由工程师或者总经理授课。
- 由于很多员工英语基础较差,课程还包括英语课堂,以《新概念英语》作为教材,英语好的员工自愿来给英语不好的员工上课。

除了给员工提供了系统性的培训,安镁工程师学院还带来了两个意外的收获:

(1)十几个人每周两次坐在一起上课,重回校园时光。大家开始更多地交谈,团队氛围和关系仿佛换了一片天。

(2)这些员工大都不到18岁就背井离乡来打工,他们没有受过大学教育,大部分不是个人原因,而是家乡的落后让他们不得不早当家。大部分人经过十多年之后都还只有30岁,也已经结婚生子,但是对未来的规划仍是一片茫然,工程师学院给大家打开了一扇窗,仿佛看到了未来的自己。

2. 安镁工程师的成长故事

安镁工程师学院成立后一年多的时间内,有人走得快,有人在努力追赶。这里和大家分享几个安镁"小人物"的故事。

- 从压铸工到助理工程师

欧工原来不叫欧工,叫南哥。十多年前加入安镁,从操作工开始，一直做到压铸技术员。由于为人仗义，技术过硬，在车间里大家都叫他南哥。有什么问题都是："南哥，哪个产品又有砂孔了，快来帮忙看一看。"

在安镁工程师学院，他的目标是成为一个项目工程师。但是作为一个美资企业，面对的客户大部分是欧美的。和客户沟通基本用英语，对英语的要求很高。南哥只是初中毕业。

除了公司的英语课程，南哥自己在外面报名参加了英语培训班，慢慢地从一个个英语单词开始学。

在工程师学院，每个人都有一个指定的资深工程师作为带教老师。从零开始学习 ProE、AutoCAD 和尺寸公差等。

南哥有空就跟在师傅后面打杂，打印文件，画零件 2D 图。只要是协助的项目，他都让师傅把客户的英文邮件抄送给自己，凭着电子词典一封一封啃。

在 2019 年底，有一个欧洲客户的旧项目要升级，新设计和旧版本的零件结构上很类似，做了一些散热和装配设计上的改动。师傅看时机已经成熟，就把这个风险相对较低的项目交给了南哥。

在师傅的指导下，按照 APQP 的流程，从前期的设计评审、模具设计，到后期的试产、和客户沟通（都是英文邮件，一次写不好就先写一遍，追在同事后面让帮忙修改）等，都由南哥自己完成。

从提交完 PPAP 试产报告和样件，收到客户批准的那一天开始，大家改口叫他"欧工"。

欧工还有一个称谓：3D打印"操作员"。在公司引进3D打印来快速制作工程样品的时候，欧工就自告奋勇来负责这个新技术和设备。熟练掌握这项技能之后，给工程团队提供了极大的支持。接到客户的新报价之后，只要有3D设计，欧工可以在24小时之内打印出样品，供客户和内部团队参考。

- 从检测员到助理品质工程师

梅工的故事和欧工几乎一样，他原来是检测室的三坐标检测员。每天的工作就是检测零件，出报告。近十年如一日，生活没有什么波澜。

因为日复一日单调的工作，他的脾气也越来越大，常常因为一些小事和别的同事吵架。

在工程师学院，他逐渐开始了解系统的品质知识，知道检测只是品质系统里面的一个环节。从PFMEA、MSA、SPC，到APQP/PPAP，他也开始逐渐理解别人的想法，开始去想为什么会和同事有这些冲突。带教他的师傅是品质工程师，跟着师傅学，他也开始协助处理客户的品质抱怨。

后来他也开始想，要有一天一定要离开那个三坐标检测室，去更广阔的天地。

在工程师学院，总经理和品质工程师给他制订了6个月的学习计划，目标是成为助理品质工程师。

在培养好检测室的接班人之后，梅工成了助理品质工程师。

他本以为马上就是"飞黄腾达",没想到面临的是比以前在检测室更加艰难的工作。只要发生一个品质事故,对外要和客户沟通,对内要协调各方资源,带领大家做改善,写 8D 报告。

用他的话说:"没想到会这么艰难,现在终于明白什么叫温水煮青蛙了。"

这才是刚开始,要想成为一个合格的工程师,还有很长的路要走。但是幸运的是,他已经启程了。

- **从驾驶员到供应商管理**

小李最开始在安镁是一名驾驶员,中专毕业。除了平时负责接送客户之外,还承担周围供应商的送货和取货,工作本来简单重复单调。

偶然机会知道工程师学院开学,他也开始来蹭课,学习工程基本知识和英语。送货到供应商处等待的时候,他就拿出《新概念英语》来啃。

在工程师学院,他耳濡目染,平常在公司等货的时候就主动要求去来料检验那里参与供应商的来料检验。后来,去供应商那里取货的时候,他就直接在供应商生产线上开始抽检,把来料检验直接前移到了供应商的产线。

逐渐地,他开始承担起部分供应商管理的工作,包括品质、交期等。

在英语方面,他也开始逐渐掌握了基本的会话,在接送国外客人的时候他也能顺畅交流了，有时候接客人去供应商那里时还能和客户一起探讨品质问题。客户很惊讶于中国厂商的一个驾驶员还能用英语和他探讨很专业的具体品质问题。

最终了解到这是安镁员工培养计划的一部分之后，客户对安镁的能力更加信任了。

- **最懂品质的人事经理**

工程师学院有一个特殊的学员，那就是安镁的人事经理习经理。他得知有这个机会的时候，主动要求参加。

"作为人事经理，在安镁的发展已经到头了。就算重新找一份工作的话，也不会好到哪里去。我想试试。"

在工程师学院，其他的技术员虽然也没有受过系统的工程训练，但是至少有多年相关的实操经验。对习经理来说，这就是"两眼一抹黑"。

个中艰难或许只有他自己知道，连西格玛是什么都不知道，还跟着大家一起学MSA。课程的考核还不是试卷考试，而是要选择一个产品的关键尺寸实际做一个MSA分析，还必须要用Minitab软件做分析。

参加工程师学院课程之后，习经理成了现场走动最忠实的拥趸。每天至少一个小时在现场检测零件，向技术员、操作工请教产品和工艺知识。

有一次，正好一个价值流组长休产假，品质工程师要转岗去做价值流组长。这个时候品质工程师就需要一个人去顶岗。习经理就理所当然地做起了人事经理兼品质工程师。

如果人事经理能够"多能"到去做品质工程师，那么"多能工"的培训、考核和激励的体系一定不会差到哪里去。

后来，很多人问安镁深圳的总经理："你不怕培养的这些人离开吗？"

"如果他们有更好的机会，我举双手鼓励他们去。如果安镁工程师学院的员工都能往上找到自己的位置，那么他的位置就会空出来，后面的同事就会有机会往上走。让每一个员工都有上升的机会，并全心支持，这不正是最好的员工培养和员工尊重吗？而且我相信安镁工程师学院的学员一定是培养好自己的接班人才走的。我希望工程师学院的每一个学员走进安镁的时候是腿上的泥还没洗干净的农民，走出来的时候是一名优秀的工程师。"

尊重员工，就是给员工创造一个上升的渠道和机会，并全心支持。

——安镁亚洲区总经理
刘健

后　　记

　　安镁大部分员工都来自农村，都是在田间地头长大，外出到深圳来务工，对于他们，工厂的工作总的来说是没有太多乐趣的，在压铸这个"3K"行业更谈不上舒适。曾经有一段时间，只要发了工资，第二天请假的员工都会陡然增加。后来发现，是员工在宿舍开启了"麻将模式"。虽然很快刹住了这股风气，但是员工在工作之余确实很少有放松自己的方式。

　　看着工厂的空地，喜爱"田间地头"花园工作的马修先生心想，何不做点儿投资，将这片空地改造成"菜地"，让员工在休息的时候种种地。说干就干，请来挖掘机，买来土将空地堆高，同时铺好地下灌溉水管。员工在15分钟休息的时候就可以完成浇水。共开发了良田6亩[一]，需要的员工按需申领菜地来种，只有一个要求就是，如果荒了地，导致杂草丛生就收归公有。

　　每当晚饭后休息时间，夕阳西下，员工在田间劳作，相互

[一] 1亩约为666.7平方米。

"偷菜"。更有甚者，拿个纸箱坐到路边，看到谁拿着菜路过就狠狠夸赞一番，收获菜的人被夸得不好意思了，就只能送一些作为回报。客户来访，常常就是去菜地挖一些新鲜的萝卜、青菜，掰几个玉米作为"礼物"，有机无公害，也算是拿得出手。周末天气好的时候，这里也是带上小朋友来体验农家乐的好场所。春暖花开时的油菜花田也是朋友圈的"网红"拍照"胜地"。

安镁的油菜花田

其实公司食堂负责员工一日三餐，种地的员工是吃不完自己种的菜的。更多的是为了在繁重工作之余，回到田间地头，心里的那份安稳和放松。

好些员工，都是夫妻在安镁上班，周末加班的时候，已经上学的小孩也只能带到公司来。受到宁波华尔推剪公司"幸福企业"

的启发，安镁在周末开启了子弟学校的模式。公司的外籍工程师和来出差的美国同事主动请缨，给小朋友们上英语课，工程师们则辅导数理化功课。总经理甚至在办公室开起了机器人编程教学。虽然没办法给各年龄段的小朋友提供系统的辅导，但是这对这些安镁子弟也是一点儿帮助。普通一线员工很难负担得起深圳昂贵的课外辅导费用。

随着安镁工程师学院各项工作的开展，年纪大一些的员工虽然不能参与进来，但是看到了年轻人的成长和变化：下班之后玩手机、打麻将的人越来越少，很多时候员工都是主动留在公司学习。好些员工都找到总经理，希望自己的孩子能到安镁来工作，跟着大家好好学习。这些员工的子女大都中专或者高中毕业就开始在外务工。暑假的时候，安镁也会安排一批已经成年但还在上大学的子弟暑期工。跟着父母在工厂工作，更理解父母抚养他们到学有所成的艰辛。

书稿接近完成的时候，正值新型冠状病毒肺炎疫情严重之时。先是国务院通知春节假期延长至2月2日，之后各地方政府也根据实际的疫情情况要求推迟复工。在严峻的疫情形势下，企业复工困难重重。安镁在严格落实居家隔离14天的防控措施之后，比计划的复工日期推迟了两周，在2月17日复工。但是一线员工大都来自相对较远的地区，很多地方公共交通都没有恢复。第一天只有39名员工，还不到1/3。

这个时候，安镁是一番不同的景象，总经理带领所有员工上生产线，包括人事经理、工程师、价值流组长、各种技术员，甚至驾驶员。这不是做样子，经过两年多的"多能工"训练，人事经理都可以上生产线，现场一线的员工更是灵活。开工第一天仅用不到半个小时，主要生产设备已经进入正常生产状态。对于一些小的零件装配工作，员工居家隔离不能到工厂，价值流组长创造性地送产品和便携式的充电工具上门，让员工在家组装。

客户的订单都很急，这个时候快速换模和连续流生产就发挥了极大的优势，停产一个月，产能肯定紧张。跟客户沟通，最急需要多少个，先开机生产这些给你，然后迅速切换下一个急单。比如一个欧洲客户急需 50 套零件，一套由 2 个压铸机加工零件和一些配件装配。通常这样的产品从接单到出货的"交付时间"是 4 周。价值流组长带着项目工程师亲自上线，几十件的订单也可以开始换模、调机生产。2 月 18 日收到需求，2 月 25 日就报关发货。

精益转型除了扭亏为盈，还大大降低了库存，获得了良好的现金流。在艰难时刻，安镁不仅做到了准时发放 1 月份工资，还承诺，疫情期间，只要公司还在，所有员工工资照常发放。

面对突发的困境和挑战，谁都没有固定的模式可以参考。一个精益的组织可以做到"兵来将挡，水来土掩"，自我调整，共赴时艰。

附录　人物表

马修：安镁联合工业集团董事长

A总：安镁深圳总经理

老何：安镁深圳老员工，多能工

叶主管：安镁深圳生产主管

小蔡：安镁深圳项目工程师

小郑：安镁深圳品质工程师

小娜：安镁深圳客服

欧工：安镁深圳助理工程师

梅工：安镁深圳助理品质工程师

习经理：安镁人事经理兼助理品质工程师

小金：安镁三坐标技术员

何主管：Y公司代工厂装配主管

李工：Y公司代工厂供应商品质工程师

参考文献

[1] 詹姆斯·沃麦克，丹尼尔·琼斯. 精益思想 [M]. 沈希瑾，张文杰，李京生，译. 北京：机械工业出版社，2011.

[2] 迈克·鲁斯. 丰田套路：转变我们对领导力与管理的认知 [M]. 刘健，张冬，译. 北京：机械工业出版社，2017.

[3] 约翰·科特. 变革的力量 [M]. 方云军，张小强，译. 北京：华夏出版社，1997.

[4] Kotter J P. What Leaders Really Do? [J]. Harvard Business Review，2001(11)：79.

[5] Geier J G. A Trait Approach to the Study of Leadership in Small Groups[J]. The Journal of Communication, 1967: 316-323.

[6] Locke E A, Kirkpatrick S A. Leadership: Do Traits Matter? [J]. Executive, 1991, 5(2): 48-60.

[7] 赵克强. 精益实践在中国 [M]. 北京：机械工业出版社，

2012.

[8] 赵克强，张冬，周健. 精益实践在中国Ⅲ [M]. 北京：人民邮电出版社，2017.

[9] 杰弗瑞·莱克. 丰田模式：精益制造的 14 项管理原则 [M]. 李芳龄，译. 北京：机械工业出版社，2016.

[10] Festinger L, Carlsmith J M. Cognitive Consequences of Forced Compliance[J]. The Journal of Abnormal and Social Psychology, 1959(2).

[11] 张苹，张磊. 孙文学说：构建近代中国的理论先导 [M]. 太原：山西人民出版社，2015.

[12] 玛格丽特·惠特利. 领导力与新科学 [M]. 简学，译. 杭州：浙江人民出版社，2016.

[13] 陈德金. 变革时代的企业文化之道——"企业文化理论之父"埃德加·沙因专访 [J]. 清华管理评论，2016(6)：40-47.

[14] Toyota. Toyota Way 2001 [EB/OL]. http://www.toyota-global.com/company/history_of_toyota/75years/data/conditions/philosophy/toyotaway2001.html.

[15] 袁霓. 对中国经济发展阶段的探讨——从刘易斯曲线、人口红利、库兹涅茨曲线角度出发 [J]. 技术经济与管理研究，2012(9)：62-65.

[16] 陶金. 后人口红利时期，中国靠什么支撑经济增长？[EB/

OL]. https://new.qq.com/omn/20191112/20191112A0OHC600.html.

[17] 任明杰. 中国产业转型:"人口红利"渐退,工程师红利兴起 [N]. 中国证券报,2018-12-17.

精益思想丛书

ISBN	书名	作者	定价
978-7-111-49467-6	改变世界的机器：精益生产之道	詹姆斯 P. 沃麦克 等	45元
978-7-111-51071-0	精益思想（白金版）	詹姆斯 P. 沃麦克 等	49元
978-7-111-54695-5	精益服务解决方案：公司与顾客共创价值与财富（白金版）	詹姆斯 P. 沃麦克 等	45元
7-111-20316-X	精益之道	约翰·德鲁 等	32元
978-7-111-55756-2	六西格玛管理法：世界顶级企业追求卓越之道（原书第2版）	彼得 S. 潘迪 等	65元
978-7-111-51070-3	金矿：精益管理 挖掘利润（珍藏版）	迈克尔·伯乐 等	38元
978-7-111-51073-4	金矿Ⅱ：精益管理者的成长（珍藏版）	迈克尔·伯乐 等	45元
978-7-111-50340-8	金矿Ⅲ：精益领导者的软实力	迈克尔·伯乐 等	39元
978-7-111-51269-1	丰田生产的会计思维	田中正知	35元
978-7-111-52372-7	丰田模式：精益制造的14项管理原则（珍藏版）	杰弗瑞·莱克	49元
978-7-111-54563-7	学习型管理：培养领导团队的A3管理方法（珍藏版）	约翰·舒克 等	35元
978-7-111-55404-2	学习观察：通过价值流图创造价值、消除浪费（珍藏版）	迈克·鲁斯 等	39元
978-7-111-54395-4	现场改善：低成本管理方法的常识（原书第2版）（珍藏版）	今井正明	55元
978-7-111-55938-2	改善（珍藏版）	今井正明	45元
978-7-111-54933-8	大野耐一的现场管理（白金版）	大野耐一	35元
978-7-111-53100-5	丰田模式（实践手册篇）：实施丰田4P的实践指南	杰弗瑞·莱克 等	69元
978-7-111-53034-3	丰田人才精益模式	杰弗瑞·莱克 等	45元
978-7-111-52808-1	丰田文化：复制丰田DNA的核心关键（珍藏版）	杰弗瑞·莱克 等	65元
978-7-111-53172-2	精益工具箱（原书第4版）	约翰·比切诺 等	69元
978-7-111-32490-4	丰田套路：转变我们对领导力与管理的认知	迈克·鲁斯	39元
978-7-111-58573-2	精益医院：世界最佳医院管理实践（原书第3版）	马克·格雷班	69元
978-7-111-46607-9	精益医疗实践：用价值流创建患者期待的服务体验	朱迪·沃思 等	39元

推荐阅读

金矿：精益管理 挖掘利润（珍藏版）

作者：[法] 弗雷迪·伯乐 迈克·伯乐 ISBN：978-7-111-51070-3 定价：45.00元

本书最值得称道之处是采用了小说的形式，让人读来非常轻松有趣，以至书中提及的操作方法，使人读后忍不住想动手一试

《金矿》描述一家濒临破产的企业如何转亏为盈。这家企业既拥有技术优势，又拥有市场优势，但它却陷入了财务困境。危难之际，经验丰富的精益专家帮助企业建立起一套有竞争力的生产运作系统，通过不断地改善，消除浪费，大幅度提高了生产效率和质量，库存很快转变为流动资金。

金矿Ⅱ：精益管理者的成长（珍藏版）

作者：[法] 迈克·伯乐 弗雷迪·伯乐 ISBN：978-7-111-51073-4 定价：45.00元

在这本《金矿》续集中，作者用一个生动的故事阐述精益实践中最具挑战的一项工作：如何让管理层和团队一起学习，不断进步

本书以小说形式讲述主人公由"追求短期效益、注重精益工具应用"到逐渐明白"精益是学习改善，不断进步"的故事。与前一本书相比，本书更侧重于人的问题，体会公司总裁、工厂经理、班组长、操作员工以及公司里各个不同层级与部门的人们，在公司通过实施精益变革进行自救的过程中，在传统与精益的两种不同管理方式下，经受的煎熬与成长。这个过程教育读者，精益远不止是一些方法、工具的应用，更是观念和管理方式的彻底转变。

金矿Ⅲ：精益领导者的软实力

作者：[法] 迈克·伯乐 弗雷迪·伯乐 ISBN：978-7-111-50340-8 定价：39.00元

本书揭示了如何持续精益的秘密：那就是培养员工执行精益工具和方法，并在这个过程中打造企业的可持续竞争优势——持续改善的企业文化

今天，越来越多的企业已经开始认识并努力地实施精益，这几乎成为一种趋势。不过大多数实践者只看到它严格关注流程以及制造高质量产品和服务的硬实力，少有人理解到精益的软实力。本书如同一场及时雨，为我们带来了精辟的解说。

定位经典丛书

序号	ISBN	书名	作者	定价
1	978-7-111-57797-3	定位（经典重译版）	（美）艾·里斯、杰克·特劳特	59.00
2	978-7-111-57823-9	商战（经典重译版）	（美）艾·里斯、杰克·特劳特	49.00
3	978-7-111-32672-4	简单的力量	（美）杰克·特劳特、史蒂夫·里夫金	38.00
4	978-7-111-32734-9	什么是战略	（美）杰克·特劳特	38.00
5	978-7-111-57995-3	显而易见（经典重译版）	（美）杰克·特劳特	49.00
6	978-7-111-57825-3	重新定位（经典重译版）	（美）杰克·特劳特、史蒂夫·里夫金	49.00
7	978-7-111-34814-6	与众不同（珍藏版）	（美）杰克·特劳特、史蒂夫·里夫金	42.00
8	978-7-111-57824-6	特劳特营销十要	（美）杰克·特劳特	39.00
9	978-7-111-35368-3	大品牌大问题	（美）杰克·特劳特	42.00
10	978-7-111-35558-8	人生定位	（美）艾·里斯、杰克·特劳特	42.00
11	978-7-111-57822-2	营销革命（经典重译版）	（美）艾·里斯、杰克·特劳特	59.00
12	978-7-111-35676-9	2小时品牌素养（第3版）	邓德隆	40.00
13	978-7-111-40455-2	视觉锤	（美）劳拉·里斯	49.00
14	978-7-111-43424-5	品牌22律	（美）艾·里斯、劳拉·里斯	35.00
15	978-7-111-43434-4	董事会里的战争	（美）艾·里斯、劳拉·里斯	35.00
16	978-7-111-43474-0	22条商规	（美）艾·里斯、杰克·特劳特	35.00
17	978-7-111-44657-6	聚焦	（美）艾·里斯	45.00
18	978-7-111-44364-3	品牌的起源	（美）艾·里斯、劳拉·里斯	40.00
19	978-7-111-44189-2	互联网商规11条	（美）艾·里斯、劳拉·里斯	35.00
20	978-7-111-43706-2	广告的没落 公关的崛起	（美）艾·里斯、劳拉·里斯	35.00
21	978-7-111-56830-8	品类战略（十周年实践版）	张云、王刚	45.00